道を拓く男。山田 宏

子供がふえる国、誇りある日本へ

山田 宏
Yamada Hiroshi

光明思想社

はじめに

昭和30年代の前半に、当時の京都大学教授であった会田雄次《あいだゆうじ》先生は、当時の京大の学生たちに向かって、こう講演したそうです。

「諸君はいずれ日本の指導者になるだろうが、諸君の時代が一番心配だ。なぜなら諸君は、米軍の占領政策の影響で、人間を立派にする3つの大事な教育をほとんど受けていないからだ。その結果、諸君は必ず『根無し草《ねなぐさ》』のように浮遊《ふゆう》する。国の指導者が浮遊すれば、わが国も浮遊していくことになる」と。

あれから約60年が経過し、残念ながらこの会田先生の「予言」が的中してしまっているように思えてなりません。国民各界各層ですみずみまで「事《こと》なかれ」「その場しのぎ」の風潮が広がり、「今さえ、自分さえよければいい」と考える傾向が至るところで感じられる国になってしまいました。

その時に会田先生が指摘した「人間を立派にする3つの大事な教育」とは、「宗教心の大切さ」、「道徳教育」、そして「わが国の歴史への誇り」でした。

「宗教心」とは、特定の宗教教育を言うのではなく、自分という存在を尊く高い視点から客観的にみる心で、昔から日本人は、神仏だけでなく、先祖やお天道様《てんとうさま》が「いつも見ているよ」と教えられ、自分勝手に流れやすい自分の「ブレーキ」や「ハンドル」を持っていました。しかし最近は、「誰も見てなければ」とか「バレなければ」何をしてもよいと考えたことから起きる事件や事故が頻発《ひんぱつ》するようになりました。

「道徳教育」とは、言うまでもなく「人としてやってよいこと。悪いこと」を教えることですが、国や宗教が違っても、その内容は大方《おおかた》共通しています。「憐《あわ》れむ心」「正しいことを貫《つらぬ》く心」「相手を敬《うやま》う心」「信頼しあう心」「勤勉《きんべん》な心」「正直な心」など、かつては具体的な偉人たちの立派な行いを材料にして学んできたものでした。しかし最近では、「道徳教育」を「特定の価値観の押しつけ」ととらえる傾向も強く、人としてどんな行《おこな》いが是《ぜ》なのか非《ひ》なのか不明瞭《ふめいりょう》になり、自分勝手な振《ふ》る舞《ま》いが、私たちの共同生活を荒《すさ》んだものにしています。

そして「わが国の歴史への誇り」を育《はぐく》むとは、わが国の歴史や先人《せんじん》たちの素晴らしさや立派さを伝え、子供たちに「素晴らしい国に生まれてよかった」と思えるようにすることです。ことさらわが国の歴史や先人たちを貶《おとし》め辱《はずかし》めれば、「こんな国に生まれなければよかった」と思うようになり、平気で道路にゴミを捨て、壁に落書きをし、ひいては犯罪がふえ、国がぎすぎすして住みにくくなっていきます。

植物でも美しい花を咲かせるためには、根っこや土壌を大事にしなければなりません。人も楽しく有意義な人生を送るためには、まず人としての「根っこ」や「土壌」、つまり自分の「いのち」の根源である先祖や先人、そして国の歴史を大切に敬い感謝することなのです。浮《う》き草《くさ》のように浮遊してしまっているわが国を立て直すためには、まさにこの「根っこ」を大切にするということから始めなければなりません。

しかし一方で、数々の大震災などの災害に遭《あ》っても、世界から賞賛《しょうさん》を受ける日本人の振る舞いや姿をみる時、数千年のわが国の歴史によって培われたＤＮＡが、いまだに脈々《みゃくみゃく》と私たちの中に息づいていることにも気づかされます。そしてそのＤＮＡこそ、わが国がこれからの世界に示せる新しい「一流国」のモデルになり得ると、私たちは意識して自らを高めていくことも必要ではないでしょうか。

では「一流」とは何か。

吉田茂元首相が示唆《しさ》に富むエピソードを遺《のこ》してくれています。

かつて吉田元首相が「一流」と称される某《ぼう》ホテルを訪れたときの話だそうです。元首相がホテルのトイレで手を洗ったあと、何と洗面台の回りにはねた水を自分のハンカチで拭《ふ》こうとされたそうです。それを目にしたホテルの従業員は、あわててトイレの清掃担当者を呼ぼうとしました。

すると元首相がこんな風《ふう》におっしゃったそうです。

「洗面台の水はねを拭くために、いちいち担当者を呼んでいては仕事にならないでしょう。一流ホテルが一流である証《あかし》とは、従業員の手によっていつもトイレがきれいであることではありません。手を洗ったあとに、洗面台を自分で拭くのが当たり前と思うお客様が常連であることが、本当の一流ホテルの証《あかし》ではないでしょうか」と。

これから日本はかずかずの「正念場《しょうねんば》」を迎えることになります。大変な時代になるでしょう。しかしその危機や困難があるからこそ、これまでの自らを省《かえり》み、正すべきことは正していく絶好の機会にもなります。そしてそのとき、この吉田元首相の示唆する「一流の証」を思い描いて、それを目指して私たちが新たな国づくりに取り組むことができれば、どんなに住み良い「よい国・日本」になることでしょう。

最後になりましたが、本書の出版にあたり光明思想社の皆さまには多くのご苦労とお力添えを賜《たまわ》りました。本当にありがとうございました。

平成二十八年五月吉日

山田　宏

道を拓く男。山田宏

――子供がふえる国、誇りある日本へ――

【目次】

第三章　愛国心をもった政治家を志して

第四章　信念と決意をもった改革の断行

第五章　政治家としての私の務め

第一章　成人式で青年に語り続けたこと

◇成人式での区長挨拶《あいさつ》

日本の将来を担《にな》うのは、若い人たちです。私は、その若い人たちに大変な期待を持っています。

私が杉並区長だった時、毎年行われている「成人式」において、私は区長挨拶《あいさつ》で必ずこう呼びかけてきました。それは私の父が私に語りかけたのと同じような気持ちで、私も父親として、成人式に臨んだ一人ひとりに語りかけたのです――

《みんな、成人式おめでとう。今日は晴れがましい日だろう。

今日は成人式だけれど、二十年たったら誰でも成人になるんだったら、犬でも猫でも何だって成人になる。しかし人間には、成人となる条件がある。それは二つの〝感謝〟だ。この二つの〝感謝〟を今日は持ってほしい。

一つめは、両親への〝感謝〟だよ。今の君らを喜んでくれているのは親なんだ。

家族なんだ。君らは両親がいて生まれ、家族がいて育ったんだ。だから、帰ったらまず親に「ありがとう」と言ってほしい。今日の「ありがとう」は格別だ。親はずっと苦労と心配の連続で育ててきて、今日を迎えたんだ。

言葉に出すのが恥《は》ずかしければ、紙に書いて机に置いてもいい。そっと手渡してもいい。そうすれば親は救われる。今までの二十年間の苦労が、スーッと一気に消えてなくなる。「ありがとう」という、たったの五文字。それぐらいできるだろう、君らは。

二つめは、目に見えない人に〝感謝〟すること。それは、私たちや親たちも育《はぐく》んできた「日本」という国の先祖や多くの先人《せんじん》たちだ。君たちと同世代の遺書を読むから聞いてくれ。

塚本太郎命《つかもとたろうのみこと》

（茨城県出身。慶應義塾大学に在学中に学徒出陣。海軍第四期兵科予備学生。海軍入隊後、志願して特別攻撃隊「回天」搭乗員に。昭和二十年一月二十一日、西太平洋のウルシー

海域で戦死。海軍大尉）

父よ、母よ、弟よ、妹よ。そして永い間はぐくんでくれた町よ、学校よ、さようなら。

本当にありがとう。こんな我儘《わがまま》なものを、よくもまあほんとうにありがとう。僕はもっと、もっと、いつまでもみんなと一緒に楽しく暮らしたいんだ。愉快《ゆかい》に勉強し、みんなにうんとご恩返しをしなければならないんだ。

春は春風が都の空におどり、みんなと川辺に遊んだっけ。夏は氏神様《うじがみさま》のお祭りだ。神楽《かぐら》ばやしがあふれている。昔はなつかしいよ。秋になれば、お月見だといってあの崖下《がけした》に「すすき」を取りにいったね。あそこで、転んだのは誰だったかしら。雪が降り出すとみんな大喜びで外へ出て雪合戦だ。昔はなつかしいなあ。こうやってみんなと愉快にいつまでも暮らしたい。喧嘩《けんか》したり争ったりしても心の中ではいつでも手を握《にぎ》りあって――

然《しか》し僕はこんなにも幸福な家族の一員である前に、日本人であることを忘れてはならないと思うんだ。

日本人、日本人、自分の中には三千年の間受け継がれてきた先祖の息吹《いぶき》が脈打《みゃく》ってるんだ。（中略）

十二月八日のあの瞬間から、我々は、我々青年は、余生《よせい》の全てを祖国に捧《ささ》ぐべき輝かしき名誉を担《にな》ったのだ。

人生二十年。余生に費《つい》やされるべき精力のすべてをこの決戦の一瞬に捧げよう。

（中略）

至尊《しそん》の御命令である。日本人の気概《きがい》だ。永遠に栄《さかえ》あれ祖国日本。

我等《われら》今ぞいかん、南の海に北の島に全てをなげうって戦わん。大東亜《だいとうあ》の天地が呼んでいる。十億の民が希望の瞳《ひとみ》で招《まね》いている。

みんなさようなら！　元気で征《ゆ》きます。


　みんな、六十数年前にもみんなと同じように二十歳の人がいて、こういう人生もあった。そんな人たちの尊い犠牲《ぎせい》があって、今の日本の繁栄がある。その人たちに感謝することから、成人はスタートしないといけない。みんなには、その人たちの分まで立派にいきる義務があるんだよ。その人たちが生きられなかった分まで、大事に人生を生きる義務がみんなにはあるんだよ。

今日は、みんなで美味《おい》しいものを食べて、美味しいお酒を飲んで乾杯するだろう。だからその時には、この人たちのことを思って、心の中でそっと「ありがとう」と言って乾杯してほしい》

私は十一年間、毎年そういう話をしました。遺書を読み上げていると、それまでガヤガヤしていた会場が徐々に静かになっていきます。そして会場は私語ひとつなく静まりかえり、みんなの背筋が伸びていきました。会場の前の方に座っている女性の多くは目頭を押さえているのが分かります。

成人式というと、荒れた成人式の様子がよくテレビで報道されたりするでしょう。しかし、私が杉並区長の間は一度も荒れたことがありませんでした。

こういう挨拶を私が行うと、毎年のようにその翌日に、杉並区のある一部の区議会議員の人が駅頭に立ってビラを配るのです。そして、「山田区長はまた成人式で〝特攻隊礼賛《らいさん》〟の挨拶をした！」と言うのです。そんな馬鹿《ばか》げたことはない。成人式の会場にいた人は、誰もそんなふうに受け止めていません。

それは、成人式の翌日から届く手紙やメールをみるとよく分かります。こういう内容です。

「そんな気持ちで若くして命を投げ出した人がいたということを全然知りませんでした」

「自分が二十年間、いい加減《かげん》に生きてきたことを恥ずかしく思いました」

「その人たちの分まで、これからしっかり生きて、平和な日本を維持していきます」

また、成人の親からはこんな手紙が送られてもきました。

「娘が帰ってきて、突然、『二十年間、ありがとうございました』と言ったのでびっくりしました。本当にありがとうございました」

「子供から『ありがとう』なんて言われたことはありませんでした。涙が出てきました。何でそんなことを急に言い出したのか尋《たず》ねたら、実は区長からいい話を聞いたと教えてくれました」

私はこのことを通して、若い人には本当に期待が持てると思ったのです。

◇過去に感謝することが、今を生きる力になる

過去に感謝するというのは、駅伝と同じようなものです。駅伝のランナーは、一所懸命《いっしょけんめい》に力を振《ふ》り絞《しぼ》って走り、襷《たすき》を次のランナーに繋《つな》いでいきます。ときに倒れ込んだりするようなことがあってもそれでも繋いできた襷《たすき》を、自分の番がきた時には、「あいつはあんなに頑張《がんば》ってくれたのだから、自分も頑張らなければ!」と思って、次に繋《つな》げていくわけです。次に待っている人がいるから、その人のところまで頑張って襷《たすき》を繋《つな》いでいく。そうして良いタイムが出てくるわけでしょう。

それと同じように、私たちも〝いのち〟の襷《たすき》を過去の先人から受け継いできて、

今の私たちの人生があるのです。今をどう生きるかということは、結局のところ、過去に感謝ができ、未来への責任感を持つことから始まります。それが今を乗り越えていく力を育《はぐく》むわけです。今どんなに苦しくても、「自分も頑張ろう！」とそれを乗り切る力が湧《わ》いてくるのです。過去も全然知らないで、今懸命にやれと言ったって人間はダメですよ。過去に感謝できない人、過去に感謝できない国は、必ず〝その場しのぎ〟にしかならない。これまでの日本の政治でもそうです。

過去を大事にし、過去に感謝ができるというのは、人間のスタートと言ってもいい。過去というのは人間の根っこです。植物もその根っこを大事にしないでどうして花が咲くでしょうか。根っこを大事にする土壌をつくれば、〝自分〟という花が咲くわけです。植物と同じように、まずは根っこ、そして土壌というものに私たちの心を致《いた》さなければなりません。だから、過去に感謝するというのは、人間のスタートとも言えるのです。

その第一は親に感謝すること。親に感謝することが大切なのはよく理解できると思います。その親への感謝からさらに進んで、親を育んだ過去、親を育んだ日本という国に感謝できるようになるのです。

　私の父は、昭和二十年八月十五日、海軍予備学生（航空隊の見習《みならい》少尉《しょうい》）として厚《あつ》木《ぎ》飛行場で終戦を迎えました。私は事あるごとに、父から八月十五日の話を聞かされて育ちました。昭和天皇の玉音《ぎょくおん》放送を悲痛な思いで聞いたこと。厚木飛行場からは、終戦のわずか二日前にも房総沖《ぼうそうおき》の敵艦に向かって何機もの飛行機が飛び立ち、戦友が帰ってこなかったこと。そうした中で迎えた終戦であり、「だからお前が今いるのだ」と、私は父から度々聞かされました。

　仮にもう一年でも戦争が続いていたら、父は生きていないだろうし、私も生まれなかったわけです。そう考えると、先人を貶《けな》す気などなれません。ただただ「ありがたい」という感謝の思いでした。それが私の心の柱になりました。

　みんな同じ日本人なのです。みんな過去と繋《つな》がっているのです。先祖の涙も苦しみも、失敗も喜びも、みんな私たちに繋《つな》がっているのです。みんな日本人の〝遺伝子〟を持っていて、真正面から先人に向き合えば、必ず私たちの人生も変わっていくのです。全てを背負《せお》い、「ありがとう」と感謝して生きることが、日本の将来をつくっていくのです。過去の日本を、自分とは関係ないという顔をして批判しているだけでは、日本は良くなりません。

過去に感謝できてこそ、未来への責任感が生まれ、今を乗り越える力が養われるのです。私は強くそう信じています。

◇成人式は国家行事

それまで、杉並区の成人式は〝荒れる〟ところまでは行っていませんでしたが、式典中でも成人が立ち上がったり、ガヤガヤとおしゃべりが続いたりという状況だったようです。中には、「二十歳になったんだからお酒を飲んでもいいんだろう」と最初から酔っぱらっている人もいたようです。

しかし、私が区長になってからは、最初はおしゃべりしている人がいても、式典が進むにつれて厳粛《げんしゅく》な雰囲気が出来てくるようになりました。毎年、成人式は本当に厳粛な雰囲気で行われました。亡くなった政治評論家の三宅久之《みやけひさゆき》さんが私に「遺書の力はすごいな」とおっしゃいましたが、英霊《えいれい》の「遺書」の言葉によって、私たちの背筋がピーンと伸びて身が正されます。そうして厳粛な雰囲気がつくられるからこそ、そこで語られる言葉に「言霊《ことたま》」の力が宿ると私は実感いたしました。

実は、私が杉並区長になって最初に成人式を迎える時、プログラムのことなどを聞いてびっくりしたのです。会場には国旗が掲げられていないし、国歌も斉唱していなかった。

それで私は、「成人式は国家行事なんだから式典にします」と言ったのです。式典では、国旗も掲げるし、国歌斉唱も行う。そして区長の挨拶があって、来賓《らいひん》の紹介がある、それで終わりだと。

そしたら課長が私の所に飛んできて、「国旗はいいですけど、国歌はどうですかね?」と言うのです。

「どうして国歌はダメなんですか?」

「今の若い人は歌えません。歌えないのに国歌斉唱をやったら大騒ぎになります。だから、国歌斉唱は止めておいた方がいいのではないですか」

私は唖然《あぜん》として言いました。

「ダメですよ！　国家行事なんだから、国歌を歌うのは当たり前です。歌ってもらいます」

「そうですか」と言って、引き下がっていきました。

そしたら、その課長がまた戻ってきて、

「では、こういう案ではどうでしょう？　成人式のしおりを作ります。そのしおりの裏に『君が代』の歌詞を載《の》せます。これでやりましょう」

私は呆《あき》れてしまいました。

「そんなのはダメです」

「どうしてですか？」

「どこの国の国家行事で国歌の歌詞カードを配るところがあるんですか。そんな恥ずかしいことはできません」

それで私は押し切ったのです。

案《あん》の定《じょう》、最初は国歌斉唱を行って会場がザワザワしましたよ。それでも、国歌斉唱を行い、区長の挨拶と続く中で、厳粛な成人式がつくられていったのです。その毎年の積み重ねのうち、次第に杉並区の職員も自信をもって成人式を「式典」として開催していくようになりました。

第二章　いま求められる日本人としての教育

◇教育の要《かなめ》は、「かけがえのない存在」と気付かせること

いま、私たち日本人にとって重要なものの一つに「教育」があります。

教育の目的は、自《みずか》ら立つ——すなわち自立にあると思っていますが、その自立心を育《はぐく》むために最も大事なことは「自己肯定感《じここうていかん》」を持たせることです。〝自信〟や〝誇《ほこ》り〟とも言えますが、それはすなわち「自分はかけがえのない存在だ」と気付かせることです。自分をかけがえのない存在だと思えないと、ちょっと風が吹いただけでヘナヘナと挫《くじ》けてしまいます。自分はかけがえのない存在だと教えること、それが子供の幸福につながる教育の根本だと思います。

松下幸之助がよく言っていたことがあります。人間というのは、顔かたちが違うけれども、その部分品は一緒である。目は二つあって、鼻が一つ、耳が二つ、口が一つある。部分品はすべて一緒なのに、一つとして同じ顔がない。それはなぜか。「それは、人それぞれに神様が役割を与えておられるからなんや。みんな

部分品は一緒でもそれぞれに違う。神様はほんまに偉大やな」と言うわけです。その話を聞いたとき、私自身もどういう時に最も幸せを感じるかと考えたのです。お金が儲《もう》かったり、社会的地位が上がったりするというのも、もちろん幸福感は味わえます。しかし、そうしたものは一瞬の満足であって、本当の幸福というのは、自分が誰かのために役立った時に味わえるのだと思います。それはみんな同じだろうと思います。一人でもいいから、誰かから心底「ありがとう」と言ってもらえると本当に喜びを感じることができます。

それが、自分しか出来ないこと、自分にしかないもの、自分が好きなもの、それによって他人が喜んでくれたら、これほど無上《むじょう》の喜びはないですね。それは料理であったり、技術であったり、いろいろあると思いますが、その自分に与えられた能力で誰かに喜んでもらえる。そうした能力を伸ばしていくことが教育であろうと思います。

だから教育というのは、人それぞれに与えられている天賦《てんぷ》の能力、それを伸ばしてやることです。子供はその能力を使って誰かに喜ばれる生活をする。それが幸福な人生につながり、その人の魂《たましい》を磨《みが》いていくことになります。

◇過去を大切にする心

自分に与えられたものにどうやって気付いていくか。そのために必要なのが、「自己肯定感」を持つことであると思います。では、どうやったら自分をかけがえのない存在として、自信や誇りを持っていけるでしょうか。

一つには過去を大切にする心です。〝家庭〟で言えば先祖を大切にすること、〝国〟で言えば先人《せんじん》や国の歴史に感謝することです。先祖を讃《たた》え、国の過去を讃える、その態度が自分というものを真《ま》っ直《す》ぐに伸ばしていくのです。

それは植物に例《たと》えればよく解《わか》ります。子供はそれぞれ花です。その花は根っこがあるから咲いているわけでしょう。根っこを粗末《そまつ》に扱《あつか》って踏《ふ》みつけてばかりいたら、花は咲くはずもありません。また、いくらきれいな花が咲いていても根っこを傷つけてしまえば、翌年にはもう花が咲きません。それほど根っこというのは大事なのです。それと同じように、人間にも根っこがあるわけです。それが先祖です。〝国〟の根っこは先人たちです。そういう人たちを讃える、褒《ほ》める、大事にする、感謝する、それによって美しい人間が花開くのです。

「自己肯定感」、つまり誇りを失わなければ、どんな厳しい境遇になろうとも人間は耐《た》えることができるものです。その一番大事な〝誇り〟を育まないようにしてきたのが、戦後日本であると思っています。

誇りとは、〝国家〟としては「日本人として生まれてきて良かった」と思えることから、そして〝家〟としては「ご先祖の血を受け継いでいる」という思いから育まれます。

子供は、両親とくに母親から「お前は立派な子だ」と言われると、それを信じ、その思いに応《こた》えようとします。だから、わが子を真っ直ぐ育てようと思ったら、事あるごとに先祖のいい話をしてあげる必要があるのです。

「うちは昔こういう人がいて、お祖父《じい》ちゃんやお祖母《ばあ》ちゃんはこうだったんだ」と教えるのです。

例えば、「ひいおじいさんは村の立派な篤志家《とくしか》だった」とか、「ひいおばあさんは看護師さんで、たくさんの人の命を助けた」とか、ご先祖の姿を話してあげるのです。ちゃんと話をしてあげれば子供は自然と背筋が伸びていき、「そういう人たちに恥《はじ》をかかせないよう、見習って生きよう」となります。

ところがその反対に、「お前の先祖はどうしようもない人ばっかりだ。ひいおじいさんは村の憎《にく》まれ者だった。ひいおばあさんはケチでどうしようもなかった。みんなから嫌われていた……」なんて毎日聞かされたら、どんな子供だって「自分はなんて家に生まれてしまったんだ。どうせ努力したって、そういう血筋だからどうしようもないんだ」と思います。

自らの境遇を乗り越えていこうと思う前に、境遇を先祖の〝血〟のせいにしたり、家のせいにしたりする。そうなるに決まっています。だから、家としての教育も、国民としての教育も、自己肯定感——自分はかけがえのない存在だときちんと教えること、誇りをもたせること——によって、子供は真っ直ぐに伸び育っていくのです。自分という存在は実は、生んでくれた両親、そして先祖がこれまで育んできた尊いいのちであると気づかせることが大切です。

「サザエさん」という長寿番組があります。今はそういうシーンが観《み》られませんが、以前はこういうのがありました。

それは、父親の波平さんがカツオ君を叱《しか》る時です。家には仏間《ぶつま》があって、その仏壇《ぶつだん》の前にカツオ君を座らせて、「おいっ、カツオ！　お前はそれがウソでないと言えるか」と言うわけです。つまり「ご先祖が見ているよ」と暗《あん》に教えているのです。それで、カツオ君も「すみませんでした」と反省するのです。

自分のいのちは、自分一人のものではない。親や先祖のいのちの営《いとな》みがあって、子供自身に繋《つな》がっている。こうした先祖との繋《つな》がりを感じることが、子供に安心感をもたらす。それが「自己肯定感」に結びついていくのです。

現代は、そうした家での教育がなくなっている。大切なことを親が伝えないでいて、そのくせ親の方は「子供がなかなか言うことをきかない。それで悩んでいるんです」と言ったりしているわけでしょう。子供というのは、先祖や両親のいのちが繋《つな》がっている自分なんだと気付けば、真っ直ぐにすくすく伸びていくものです。

それと同様に、〝国民〟としても素晴らしい国家の〝いのち〟と繋《つな》がっている自分なんだと教えることが大切です。「日本の国に生まれて良かった」「先人たちは素晴らしい国をつくったんだ」ということを教えれば、日本人としての誇りを持つことができます。しかし、「自分たちの国は侵略国で、悪い事ばかりしてきた」とメディアや学校教育で言うわけでしょう。そしたら、「なんて国に生まれてしまったんだ。日本人になんかに生まれなければ良かった」となりますよ。そんな心だから、道ばたに平気で唾《つば》を吐《は》いたり、ゴミを捨てたり、落書きしたりするような、恥も外聞もない人間になってしまうのです。

◇恥を知る

私がフランスのパリに行った時のことです。帰りにシャルル・ド・ゴール空港ですごい光景を目にしました。それは私立高校の修学旅行生たちでした。正直、修学旅行でパリまで来るのかと思いましたけれども、その生徒たちがみんな空港の中でしゃがみ込んでいるのです。疲《つか》れたみたいだけれども、席がないものだから、みんなそうしているわけです。学生服を着た人たちがズラッと。

それで私は言ったわけです。

「おい、君ら。どこの高校だ？」

「〇〇高校です」

「先生はどこにいる？　呼んでこい」

そしたら先生が来ましたよ。

「何でしょうか？」

「『何でしょうか？』じゃないでしょう？　これ（生徒たちがしゃがみ込んでいる姿）を見てよ。私は同じ日本人として、こんな恥《は》ずかしい思いをしたくないんだけど。立たせなさいよ。公衆の前でこんな姿はないでしょう。恥を知りなさい！」

と言って、私は帰ってきたのです。

その高校がどんな学校かは知りませんけれども、「日本人として生まれて良かった」という教育をしていないものだから、恥ずかしいことを恥ずかしいとも思わない人間になってしまうのです。日本人として生まれた喜び、日本人として生まれた誇りを持っていれば、海外で公衆の面前でトイレ座りのようなことはしません。ましてや、ゴミを捨てたりしないし、唾を吐いたりしないし、落書きをしたりしないのです。むしろゴミが落ちていたら拾うようになるのです。

素晴らしい国に生まれたと誇りに思っていないから、みっともないことを〝恥〟とも思わなくなってしまう。だから過去への感謝が、自国への誇り、自己肯定感につながり、それが日本人としての〝心柱《しんばしら》〟になっていくのです。

私自身も、この〝恥〟というものを自ら痛切に体験したことがあります。

それは、東京都議会議員だった昭和六十年(一九八五)のことでした。二期目に当選した直後で、当時、東京都庁を有楽町から新宿に移すことになっていました。それで、有楽町の跡地(現、東京国際フォーラム)にどのような国際会議場をつくったらよいかというので、都が海外への視察団を出すことになったのです。団長は、磯村英一《いそむらえいいち》さんという東京都立大学の名誉教授でした。そのメンバーには都議会議員だけでなく民間人もたくさん入っていました。いまの都知事である舛添《ますぞえ》要一《よういち》さんもいましたし、イオングループの元会長・岡田卓也さん、山本海苔《のり》店の副社長・山本泰人《たいと》さん、それに東京大学助教の学者さんなどもいました。私は三十一歳でしたが、都議会議員の代表として参加する機会を与えられたのです。

その中に最年長で、三菱《みつびし》銀行の頭取《とうどり》を務められて当時は相談役だった、中村俊夫さんという方が八十歳で参加されていました。

視察団はいろいろな所を巡《めぐ》りましたが、スイスを訪れた時にレマン湖で昼食をとることになりました。湖がとてもきれいで、湖畔《こはん》で昼食をいただいたらとってもいい気持ちになったのです。そのレストランの下に白鳥がいたものですから、私は昼食に出ていたフランスパンを細かくちぎって、白鳥にやっていたのですね。

そしたら、中村俊夫さんが「こらっ！　山田君!!」と言うのです。

「はっ、何でしょうか？」

「あんたの時代は、いい時代だな」

私は意味が解《わか》らなかったのです。そしたらこう言葉を継《つ》がれました。

「そうやって、パンくずを湖に放り投げておる」

「何か?」

「僕はね、終戦間もなく、会社から派遣されてヨーロッパに来たんだよ。このスイスにも来た。その時に『日本人が来たら、アジア人が来たら、街が汚れる』と言われたんだ。だから僕は、自分の会社の行き帰りに袋を持ち歩いて、街に落ちているゴミを拾って歩いたんだ。『あの東洋人が来たから街が汚れた』と言われたくないからね。それなのに、君はそうやって暢気《のんき》にパンくずを湖に放っておる。日本はそうなってしまったか。感慨深《かんがいぶか》いものがある……」

私は申し訳なさで、顔から火が出そうになりました。

それから私はパンくずを拾い集め、海外視察の間でもゴミを拾いました。

日本人というのは、中村俊夫さんのように、みんな背骨がまっすぐ伸びていたのです。「日本人が来たから汚くなった」――そんなふうに言われないよう、〝恥〟という心を持っていたのです。

戦後の日本人の精神は、道徳や、先祖への感謝の心というものを、すべてうち捨ててしまったところに問題があると思うのです。自分さえ良ければいい、今さえ良ければいい、先祖なんて関係ない。まことに自分勝手な考え方が横行しています。わがままで、浮き草のような根無《ねな》しの浮遊物となってしまっている、と言っても言い過ぎではないと思います。

◇教育の基礎は「宗教心」「道徳」「歴史」

私は、立派な子供を育てる基礎は三つあると思っています。

一つには「宗教心」、二つめは「道徳」、三つめは「歴史」です。

「宗教心」というのは、宗教教育というわけでなく、日本に古来から伝わる昔話を伝えることです。最も良いのは、『古事記』『日本書紀』に始まる日本の神話を教えることです。それは簡単に言うと、自分自身という〝個〟を超越《ちょうえつ》した存在がおられて、それに〝生かされている〟という思いです。

自己を超越した存在というのは、ご先祖であったり、お天道《てんとう》さまであったり、神様・仏様です。自分の眼しか持ち合わせていなければ、どうしても自己を見る眼が甘くなってしまうのですが、先祖の眼、お天道さまの眼、神様・仏様の眼、つまり自分よりも高い存在、崇高《すうこう》な存在があって、常に自分を見つめていると意識させるのです。

「お天道さまが見ているよ」「神様・仏様が見ているよ」――こういうことを子供に言い聞かせていたのが、日本の教育でした。それがいつの間にか消え去ってしまいました。「目に見えないものは存在しない」ということになってしまいました。目に見えるもので一番大事なものは何か。それがお金になってしまったわけです。拝金主義、そして目に見えるものしか信じられない唯物論が広がってしまいました。自己を超越した尊い存在があって、それに生かされているというのが「宗教心」です。それが立派な人間を育てる一つめの要素であるわけです。

次に「道徳」というのは、古今東西に伝わる偉人の話を伝えることです。善悪とは何か。高尚《こうしょう》な生き方とはどういうものか。素晴らしい生き方をされた人は、世界中にたくさんいます。そうした生き方を知ることで、自らの人生が豊かに育まれるのです。

道徳というのは、人間を正しく誘導するものです。「正」という字を見れば分かるように、「一」という線を引いて、その下に「止」と書くでしょう。人間はそのまま放置しておくと、欲に流されたり、易《やす》きに流されたりします。そこで流されないように止めておく一線、それが「道徳」なのです。それが立派な人間を育てる二つめの要素です。

最後に「歴史」というのは、もちろんわが国の歴史です。それは自虐史観ではない。そうしたイデオロギーを排《はい》した、日本の国の素晴らしさを伝えることです。

学校教育においてこのような教育を行っていけば、必ず日本は良くなります。時間はかかるけれども、私は三十年計画を立てて、「宗教心」「道徳」「歴史」を教えられる教師を養成し、学校教育を正常化していくことが必要だと思っています。

◇「宗教心」とは目に見えない尊い存在を意識すること

「宗教心」という話をしましたけれども、教育でその大切さを教えることは絶対に必要だと思います。

何教・何宗というのではなく、自分以外の崇高な眼が見ているという意識ですね。「神様が見ている」「仏様が見ている」と意識させることを続けていけば、誰も見ていなくても、自分の背筋を伸ばさなければいけないことが理解できるのです。そういうことを教えないものだから、食品の擬装《ぎそう》問題とかも出てくるのです。誰も見ていなければいいや、となってしまう。

唯物論ということでは、マルクス主義もみなそうですが、「科学的に証明できないものは存在しない」となるわけでしょう。「あるんだったら、その証拠を見せてくれ」と。それだから、『古事記』『日本書紀』といった神話というものは、戦後うち捨てられました。「科学的に証明できないから」という理由です。

しかし、この世の中には〝証明できない〟ものばかりです。目に見えないものが「ない」というのであれば、勇気だって、愛だって、「ない」ことになってしまう。でも、勇気を奮《ふる》うことがあるように、私たちの人生には何か突《つ》き動《うご》かすものがちゃんとあって、それが働いているでしょう。その目に見えないものにこそ、私たち人間が生きていく上で大切なものであるのです。そう考えると、日本の神代《かみよ》の物語つまり『古事記』には、日本民族の記憶の中に共有しているもので、とても大切なものが詰まっていると思うのです。日本の国としてまとまって生きていくのに大切なものです。それをきちんと伝えていくことが大事だと思います。

日本の国がどうやって誕生したのか、イザナギノミコト・イザナミノミコトの国生《くにう》み、天照大御神《あまてらすおおみかみ》の誕生、スサノオノミコトの物語、そういう話をかつての日本人はみな知っていました。だから、戦後でも「神武《じんむ》景気」という言葉もあったでしょう。それがここ数十年の間に失われてしまいました。もう一度、こうした神話の物語を取り戻していくことが、日本人の背骨を伸ばしていくことになるのだと思います。

◇魂《たましい》をみがく

「宗教心」という日本人の信仰心について、私は祖母からハッと気づかされることがありました。

以前、私は日本人は何宗何教で、いったい何を信じているのか不思議で仕方なかったことがありました。〝進歩的知識人〟といわれる欧米志向の人は、日本人の宗教心のその曖昧《あいまい》さが〝遅れている〟証拠だと言う風潮《ふうちょう》がありました。

私の家には神棚《かみだな》と仏壇があります。けれども、祖母はキリスト教を信仰しているクリスチャンでした。それで私は祖母に、「日本では仏式で行ったりしているのに、正月には神社へ初詣《はつもうで》に出かけたり、葬式では仏式で行ったりして、いったい日本人は何を信じているのかと外国の人から言われるんじゃないの?」と尋《たず》ねたのです。

そしたら、祖母は面白いことを言いました。

「宗教って何のためにあると思う？　それは自分の魂《たましい》を磨《みが》くためだよ。自分の魂を磨くためだから、いろんな砥石《といし》があった方がきれいに磨けるんじゃない？　魂は、キリスト教で磨いても、仏教でも、神道《しんとう》でも磨いていい。いろんな砥石を日本人は上手に使い分けて、日本人の美しい心ができたんだよ。上手に使い分けている日本人って進んでいるんじゃない？」

私は頭がひっくり返る思いでした。宗教とはそういうものかと。〝遅れている〟と思っていたことが、実は〝進んでいる〟という。日教組がこれまで行ってきた、「日本は遅れている」「日本は過去に悪い事をした」という戦後教育も、それをひっくり返していく――その洗脳から少しずつ解き放つ学校教育の再生が、最も大切だと思います。

◇「教育勅語《きょういくちょくご》」に込められた日本人の道徳

「道徳」については、どこの国であっても、どの宗教であっても、「何が正しい行いで、何が間違った行いか」ということは大体《だいたい》同じではないかと思います。人間がやってきた善い行いというのは、人類の歴史でも明らかだと思うのです。

そういうことを教えないと、「なぜ人を殺したらいけないか」という問題についてもいちいち説明しなければならなくなります。しかし、そんな当たり前のことほど説明の難しいものはないのではないでしょうか。しかも、中には、説明していたらすぐ屁理屈《へりくつ》をこねて別の意見を言ってくる人もいるでしょう。

これが宗教であれば、「神様が言ったのだから疑問の余地《よち》はないよ」と言ってしまえばいいのですが、日本の場合には、宗教という信仰をもっていない人も多いわけです。そういう意味では、「道徳」として、どういう生き方が善い行いで、どういう生き方が間違った行いなのかと、きちんと教えていくことが大切だと思います。

そういう善い生き方は、言葉としてまとめたものが「教育勅語《きょういくちょくご》」だったわけです。「教育勅語」に書かれていることというのは、わが国では江戸時代まで当たり前の生き方だったわけです。子供たちは寺子屋などで古典の素読《そどく》などをして、幼い頃から訳《わけ》が分からずとも覚えて、体に染《し》み込《こ》んでいたのです。それは武士から町人までみんなそうでした。

ところが明治維新後、欧米に追いつけ追い越せで、『論語』などの古典の素読が一部を除いてなくなっていきました。また、近代憲法をつくるということになって、欧化政策も図らなければいけない状況の中、日本の大事なものが失われていきつつあることにすごく危惧《きぐ》を覚えたのだと思います。

そこで「教育勅語」がつくられていくわけです。それは憲法の発布と同じ時期で、明治天皇さまのお言葉として渙発《かんぱつ》されたものでした。「教育勅語」をつくる時に、日本の理念というのは頑迷固陋《がんめいころう》なものだと世界から見られては元《もと》も子《こ》もないわけです。当時の明治政府が一番やらなければならなかったことは、不平等条約の改正でした。その不平等条約をいかに早めに改正するか、欧米列強の中に日本も伍《ご》していかなければいけないという大目標がありました。だから、変なものをつくって、欧米から「やはり日本はまだ遅れている」なんて言われたくないものだから、この「教育勅語」は発表する前に、英語訳やドイツ語訳、フランス語訳、スペイン語訳をつくって、それを世界各地の主要な国々の大学や図書館に送っているわけです。意見があれば聞かせてほしいと。明治政府はなかなか立派であります。それで世界からも非常に高い評価をいただいて、勅語として出されたものなのです。

これを儒教《じゅきょう》思想という人もいますが、完全に儒教思想というようなものではありません。

「教育勅語」には、「父母《ふぼ》ニ孝《こう》ニ兄弟《けいてい》ニ友《ゆう》ニ夫婦《ふうふ》相和《あいわ》シ朋友《ほうゆう》相信《あいしん》シ恭倹《きょうけん》己《おの》レヲ持《じ》シ博愛衆《はくあいしゅう》ニ及《およ》ホシ學《がく》ヲ修《おさ》メ業《ぎょう》ヲ習《なら》ヒ以《もっ》テ智能《ちのう》ヲ啓發《けいはつ》シ徳器《とくき》ヲ成就《じょうじゅ》シ」とあります。

「父母《ふぼ》ニ孝《こう》ニ」というのは親孝行です。「兄弟《けいてい》ニ友《ゆう》ニ」、兄弟仲良くとなります。

そのあと「夫婦相和《ふうふあいわ》シ」と続くのですが、これは儒教にはありません。儒教は女性蔑視《べっし》ですから、夫婦が互いに和《わ》するというのはないわけです。この考え方はキリスト教にはあります。そうして、日本人が大切にしてきた徳目《とくもく》、人間としてあるべき生き方が、「教育勅語」の一言ひとことに表現されているのです。それが、いつの時代も、どこの国でも、非常に感動されて受け入れられてきた歴史があります。

戦後、岸信介《きしのぶすけ》首相が西ドイツを訪問した時です。西ドイツの初代連邦首相となったアデナウアーが、首相官邸に岸首相を招《まね》いて、そこに掲《かか》げてあるドイツ語の「教育勅語」を見せながら、「これはあなたの国のものですね」と言って岸首相を驚かせたというエピソードがあります。それだけ、世界の人々に感銘を与えているのが「教育勅語」でした。

だから本来は、「教育勅語」をずっと教育の柱にしておけばよかったのですけれども、それが戦後すべてなくすようにされてしまいました。「道徳」とはどういうものであるかと、言葉に表したものがあった方がいいのです。けれども、それが教えられないというから、偉人の話を通して「道徳」を伝えていかなければならないのです。

これから道徳というのが、小学校では平成三十年度から、中学校では三十一年度から「特別な教科」として格上《かくあ》げされることが文部科学省の新たな学習指導要領で決まりました。ですから、道徳にも教科書というものがつくられていくわけですけれども、これは歴史教科書と一緒で、どういう徳目を教えるか、またどういう偉人伝を盛り込むか、そういうことでしっかりした教科書をつくってほしいと考えています。

ただ、これは歴史教科書と同じで、道徳の教科書をいくら良くしても、効果がすぐに現れるというわけではありません。それを教える先生が必要になります。歴史にしても、道徳にしても、先生がとても大事なのです。だから、師範《しはん》学校をもう一度つくり直さなければならないと私は思っています。

今の学校教諭のように、大学の一般教養の単位を取得するだけで教員の資格を得ていくというのではなく、教員の資質をきちんと定めていく必要があります。

道徳や歴史については特に、共通して資質を高めるために、専門の教育機関として全国に例えば十くらい師範学校をつくり、そのもとで各都道府県の教員となっていく。基本的には国が師範学校をつくって、そこで模範《もはん》となるような教員を教育していかないと、いくら教科書を正しても私はダメだと思っています。教える側がいかに大事かと痛切に感じています。

◇教師という存在の偉大さ

杉並区には小柴昌俊《こしばまさとし》先生という、ニュートリノの研究でノーベル物理学賞を受賞した方がいらっしゃいます。私はよくお宅を訪ねていってお話しさせていただきました。小柴先生は、いろんな所でもおっしゃっていますが、私にこんな話をされたことがありました。

「私は小学校まで理科が大嫌いだったのです。でも、中学校に入って、素晴らしい理科の先生に出会った。その先生に認められたくて、理科を一所懸命《いっしょけんめい》に勉強して大好きになっていった。だから、理科そのものが好きだったわけではないんですよ。先生が好きだったんです」

そのお話をうかがって、教師の力は偉大だなと思ったことでした。実は、私にもそういう経験があります。

私は小さい頃から、妙《みょう》に正義感が強すぎるところがありました。何か不正をみると許せなくて、相手が強くてもガンガン言ってしまって、反対にやられてしまうことがよくありました。幼稚園や小学一年生のときなどは、そうやってけがをして家に帰ってくるわけです。母親はどうしてけがしたのかと聞くけれども、私は一言も言わない。それで母親はいちいち幼稚園や学校に理由を尋ねに行くということがありました。そんな頑固《がんこ》な面があったから、親も大変だったと思いますね。

ところが、小学二年生の時、安藤富夫先生という方が私のクラス担任になりました。三十代の図工の先生でした。

その安藤先生が、折り紙を半分に切って短冊《たんざく》にし、毎日どっさりと持っていたのです。それで、児童の善いところを見つけると、サインペンでサッと即席の「賞状」をつくって児童に渡すのです。

例えば、私が大きな声で「おはようございます」と挨拶《あいさつ》します。すると、安藤先生がそれを見つけて、「おっ、山田君。いい挨拶だったな」と言って、

「あいさつ賞　いいあいさつができた！　安藤」

と折り紙の短冊に書いて、ハンコをポンと押して私に渡してくれるのです。

消しゴムを誰かに貸してあげているのを見ると、「おっ、佐藤君。善いことやった。ちょっと来い」と言って、

「しんせつ賞　佐藤君、消しゴムを貸してあげた！　安藤」

と、ポンとハンコを押す。

いい作文を書いてきたら、

「まじめ賞　いい作文ができました！　安藤」

と、その場で賞をつくって渡すのです。

安藤先生の思いつきで、突然出てきて、その場で渡してくれるのです。児童は

それですごく盛り上がります。教室の後ろには、その賞をいくつもらったかという表が貼《は》ってあって、誰が何枚、賞状をもらったかすぐ分かるようになっていました。そしたら、三学期が終わる頃には、なぜかみんな同じように並んでいるのです。安藤先生はおそらく毎日の放課後にそれを見て、「この子は賞が足りなかったな」と思われて、意識的に賞を出すようにしていたのだと思います。劣等感を持たせないよう、みんなを同等に褒《ほ》めていたのです。それものすごい賞の多さでした。その安藤先生のおかげで、私の心もどんどん解《と》けて優《やさ》しい気持ちを持てるようになりました。

これにより私は、自分自身を「かけがえのない存在」と思えるようになりました。この安藤先生がいなければ、それからの私の人生はないと思っています。私は小学校のときにその経験をしたことで、小学校の教員は大事だと強く思っているのです。

◇保健所からの教育

一方で、子供の教育については、親の責任の大きさを痛感したことがありました。

私が杉並区長だった時、ある有名な私立大学の法学部に招かれて地方自治について講義したことがありました。そこで、法学部長さんと一緒に昼食をとる機会があり、ショッキングな話を聞いたのです。

法学部長がこう言うのです。

「私共の大学の学生は、学力が年々下がっています。大学の授業にもついていけない学生が増えてきているのです。だから大学では、入試が終わってから合格者の生徒を対象にした補習授業を行っています。入学前に、高校での勉強の補習をするのです。しかも、大学のお金を使って。そのようにしてから、合格者に入学してもらっています」

そんなことまでしないといけないのかと、私は学生の学力低下の深刻さを感じました。だから、その法学部長に言ったのです。

「そんな生徒は大学に入れなければいいじゃないですか？」

するとと法学部長は、

「それでも受け入れないと、大学の経営が成り立ちません」

と言うのです。〝超〟がつくほど有名な私立大学でもそうなのかと、私は唖然《あぜん》としました。

そこで、杉並区には都立高校で〝雄《ゆう》〟と言われている西高校がありますから、その校長と話す機会があった際、そのことを話題にしたのです。

「〇〇大学でこういうことを言われたんですが、西高は大丈夫ですか？」

そしたら校長先生は、

「いや、西高のレベルも毎年下がっているのです。だから、中学校までの教育が大事なのです」と言われました。

そこで今度は、杉並に区立中学校が二十三校ありますから、その校長の集まりで話しました。

「実はこういう話を聞きました。中学校でしっかり子供たちの教育をやってもらわないと、こんなにしわ寄せが来ているのです」

そしたら若い校長先生が手を挙《あ》げました。

「いや、区長。そうおっしゃるけれども、教員のエネルギーの約四割は〝生活指導〟に関わっていて、〝学習指導〟は六割です。もっと学習指導を充実させようと思っても、『席に着きなさい』『私語を止めなさい』といった〝生活指導〟にエネルギーを取られ、結局は学習指導にまで十分に時間を費やせないこともあるのです。だから、小学校の段階で生活指導等の基本的なしつけ、マナー、集団生活の指導を行ってもらわないといけません」

今度は、小学校の校長の集まりで言いましたよ。

「小学校の教育は基礎教育が大事です。しかし、こんなふうにしわ寄せが来ています」

そしたら女性の校長が、手を挙げて言うのです。

「いや、区長。そうおっしゃるけれども、小学校に入学する段階ですでに問題がありますす。今は多動性のような子供が増えていて、こちらの児童に集中すると、こちらの児童に手が回らないというように、一人の担任ではとにかく大変なのです。一学期はあまり授業にならないというのが普通です。だから、小学校に入る前の幼児教育の段階が問題です」

とうとう私立の幼稚園に行って、私は園長先生に尋ねました。

「一体どうなっているんでしょうか?」

そしたら園長先生が、

「区長、そうおっしゃるけれども、幼稚園に入る前からもう決まっています」と言うわけです。

「何が決まっているんですか?」

「今の子供は、親の愛情いっぱいに育った子供と、親の愛情の欠ける子供がいます。親の愛情が欠けている子供は、やっぱり物事の吸収が極端に悪いのです。だから、先生の言うことを聞きません。親御《おやご》さんにはそのことを話しているのですよ。『お子さんをできるだけあやして褒《ほ》めてください』とね。けれども、最近の親御さんは『園長先生、〝あやす〟ってどの本を読んだら分かるんですか？』と言うほどなんですよ」

私はもう、どこから教育し始めたらいいかと途方《とほう》に暮れました。

もちろん親が問題なのでしょうけれども、親の世代を教育するというのは本当に難しいのです。考え方や生活習慣というのが決まってしまっていて、それを変えることができません。

それで考えたのは、親を教育するには母親が妊娠された時が一番で、保健所を通して少しずつ改善していくしかないと思ったほどでした。〝保健所からの教育改善〟です。

そんなことを考えて何か実行しようとしたら、杉並区の区議会でまた問題になりました。

「山田区長、それは自分の価値観の押し付けだ！」とね。

なかなか難しい問題だと思いましたが、このことは重大な問題です。〝保健所からの教育〟というのは、親御さんにとって、その時期が最も子供のことを考えている時だからです。「どうやって子育てしようか」と、子供の将来のことを真剣に考えている時ですからね。それが証拠に、親御さんは産科医の先生の言うことはよく聞くわけです。生まれてくる子供のために、母親になるための準備、父親になるための準備を、きちんと教えていくことが大切だと思いました。

◇〝公《おおやけ》〟の心を目覚めさせるもの

ブラジルと日本の外交関係が樹立して一二〇年に当たるということで、昨年（平成二十七年）の秋、秋篠宮ご夫妻がブラジルを公式訪問されました。

私もブラジルに行ったことがありますが、サンパウロ市には日本移民史料館というのがあります。その史料館には、移民してきた日本人の先祖たちがどれだけ苦労し、日本人としての誇りをいかに奮《ふる》い立《た》たせてきたかということを垣間見《かいまみ》ることができます。改めて、日本人の素晴らしさを感じることができる展示になっているのです。

またブラジルの日本人学校にも訪れました。その際、私は校長先生とお話しする機会をいただき、校長先生がこんな話をしてくれたのです。

ブラジルでは一二〇年前の当時、西欧人の移民も数多く受け入れていたそうです。西欧人は、ジャングルを開墾《かいこん》して、農地をつくり、村をつくりましたが、そのときに最初につくる公共物が教会だったそうです。しかし日本人はどうだったか。日本人が最初につくったのは、小学校だと言うわけです。

さらに、「日本人学校では開校以来、新入生に最初に教えることがあります。それは親孝行についてです。それを変えたことはありません」

明治の日本人がつくった学校というのは、親孝行の精神を、日本人の伝統であるとして大事にしてきました。それが今になっても、ブラジルでは息づいているということです。

「教育勅語」にも「父母ニ孝ニ」から始まることは既《すで》に述べました。「父母《ふぼ》ニ孝《こう》ニ兄弟《けいてい》ニ友《ゆう》ニ夫婦《ふうふ》相和《あいわ》シ朋友《ほうゆう》相信《あいしん》シ」とあり、両親から始まり、兄弟に、夫婦に、そして友人にと心が広がり、そうして最後に「一旦緩急《いったんかんきゅう》アレハ義勇公《ぎゆうこう》ニ奉《ほう》シ」と、国への思いに到るわけです。

まず親孝行を教えることから、ついにはその親を育んできた「日本」という国に心が到るのです。つまり〝私《わたくし》〟から〝公《おおやけ》〟が目覚めてきます。〝公〟を最初に教えるのは難しいかも知れませんが、親孝行から教えていくと、自然と〝公〟につながっていけるのです。親がいなかったら、自分が存在しないということは誰だって分かりますから。だから、親孝行を教えていくことで〝公〟の精神が育まれてくる。親孝行から繋《つな》げていく〝公〟の心。これは変えてはいけない〝人間〟としての考え方です。その意識が現在の教育者には欠けていると思います。

◇〝家〟と〝国家〟こそ守るべきものである

人間の最小の集まりとなる単位は、「家」です。「家」が社会の基盤です。戦後の教育というのは、人間を個人としてバラバラのものとしてとらえてきました。

そして、その考え方にそって法律や行政も築き上げられてしまいました。「家」をバラバラにしたら、教育機関としての機能も損《そこ》なわれてしまいました。伝統、文化、過去というものをつないでいくものが何一つなくなってしまったのです。この「家」を大事に維持していくことが必要だと思います。

「家」を維持していくというのは、先祖の祀《まつ》りを維持していくということです。先祖を祀ることによって「家」が維持されていくというのは、人間社会の基本だと思います。

いま夫婦別姓ということが問題になっていますが、「家」を維持するということを考えると、これは大変な問題を抱えています。親同士の姓が違うということは、子供はどちらかの親の姓になるわけです。しかし、そこから世代が下《くだ》っていくと、血縁関係があっても姓がいろいろ違うために、もう何が何だか分からなくなってしまいます。「家」という繋がりが希《き》薄《はく》になって、個人がバラバラになってしまうのです。バラバラになるというのは、人間が根無し草の浮遊物になってしまうということです。

何でも、枠《わく》というものがあって初めて〝自由〟があるのです。枠がないところで、広大な原野で、自由にやっていいよと言われても困ってしまいます。「この範囲の中で綺麗《きれい》に整備しよう」「この範囲の中で自由に耕して収穫量をあげよう」と思うから、人間ははっきり目的意識をもってそこに力を集中できるわけでしょう。だから、枠をつくるということはとても大事なのです。

人間にとって、自由は最も大切な価値の一つですが、それはある意味で枠があって初めて自由になれるのです。「家」という枠がある、「国家」という枠がある。枠があるからこそ、その中で人間は自由に生きることができるのです。自由な精神、自由な創造力、そういうものが生まれてくるのは、枠があるからではないでしょうか。

それは芸術を考えてみたらよく分かります。カンバスという枠があるから、そこに芸術が生まれてくるわけです。また、剣道や茶道などで修業の段階を示す「守《しゅ》・破《は》・離《り》」という考え方があるように、まず守るべき型《かた》というものがあって、そこから広がっていくのです。

そういう意味で、人間の精神、人間の自由意志というのが、人間の文化や文明を進歩させていくエネルギーになっているのですが、それは一定の枠組みというものがあって、そこに創造心を働かせていくところに形成されていくのです。

人間社会にとっては、家庭という枠組み、国家という枠組みが絶対に守っていかなくてはならない基本だということです。それは何のために命を投げ出すことができるかということを考えればすぐに分かります。命というものは大切なものです。その自分の中で最も大切なものは、絶対に捨てたくはないと思います。しかし、そういう人間でも、このためだったら命を投げ出してもよいと思うものが時にあるのです。それは何か。

一つは家族でしょう。自分の家族を守るためだったら、命を投げ出すことができます。子供を守るため、愛する家族を守るため、そのためならほとんどの人は自らの命を懸《か》けて戦うことができます。それは自然な発露《はつろ》です。だから、家というのはどれほど大事かということが分かります。

それでは、杉並区のためだったらどうでしょう？　杉並区のために本当に命を投げ出すことができるかと言えば、私は無理だと思います。では、東京都だったら？　それも無理です。では、日本という国家のためだったら？　それならばできるのです。

宗教家で、宗教心が強い人は、困った人たちのために命を捨てられるという人はいます。マザー・テレサのような人ですね。でも多くの人たちは、そうできないでしょう。でも、そうした多くの人たちでも、家と国家のためだったら大事な命を捨てることはできると思うのです。

それほど、「家」「国家」というものを維持していくことは、人間にとって大事なものなのです。

第三章　愛国心をもった政治家を志して

◇〝覚悟〟をもった政治家に

いま〝覚悟〟みたいなものが感じられる政治家は、ほとんどいなくなりました。昔は、自民党でも派閥によってわが国を担《にな》う人材を育てる風土がありましたけれど、今はありません。

安倍晋三首相にお会いして、安倍首相が案じておられる一つに、ご自身の後をどうつないでいくかということがありました。そういう人を育てることも含めて、安倍首相から「自民党でやってくれないか」と声を掛けていただき、自民党に入ることにしました。

私は、〝覚悟〟をもった政治家になるために特に大事なのは、日本の歴史に対する強い意識、そしてその勉強をすることだと思っています。とりわけ近現代史です。近代において、私たちの先祖がどれほど苦労して国づくりをされてきたかに思いを致《いた》すことです。「戦前の歴史は、何か自分と違った人格が突然でてきて日本をおかしくした」というように、他人事《ひとごと》にしか考えていない政治家が多いと思います。

私は松下政経塾の二期生ですが、松下幸之助は常々、「靖国神社に祀《まつ》られている英霊《えいれい》を犬死《いぬじ》に扱《あつか》いしてはならん」とおっしゃっていたにもかかわらず、松下政経塾出身の国会議員でも、靖国神社に参拝している人がどれくらいいるかと思うと恥《は》ずかしくなります。

◇私たち日本人の愛国心について

政治家の基本は、「愛国心」だと思うのです。今、この根本が感じられない人が、官僚の中にも、政治家にも、あまりにも多すぎます。ユニバーサルで地球市民みたいな、変な人権意識がある。そういう人が非常に多いからこそ、国家のリーダーとなるべき人には、わが国への愛情が大切だと思います。

松下政経塾では毎朝欠かさず、松下幸之助がつくった塾是《じゅくぜ》というのを読みあげます。その塾是の最初は「真に国家と国民を愛し……」とある。その「真に国家と国民を愛し」をみんなさらっと読んでしまっているけれども、私はこれが政治家の最も基本だと思っています。「世界を愛し」ではない。

この「真に国家と国民を愛し」というのは、やはり天皇陛下のお姿だと私は思うのです。ご皇室が存在し、天皇陛下がいらっしゃることがどんなにありがたいか。わが国が危機に陥《おちい》った時、誰を中心として国民みながまとまるか。それはやはり天皇陛下です。

東日本大震災の時でも、被災地に当時の菅直人《かんなおと》首相なんかが来ても、「帰れコール」が起こったりしたではないですか。しかし、天皇陛下が御見舞いに行かれた時には、陛下と被災者の心がぴったりと一つになってみな感動するのです。そして、陛下のお言葉やお姿から、被災者の人たちに〝生きる力〟がわいてくるのです。それは東日本大震災だけでなく、阪神淡路大震災の時もそうでした。さらに、天皇陛下はずっと被災地に心を寄せ続けられ、慰霊《いれい》を続けておられる。本当に頭がさがります。その天皇陛下の祈りが、自然と私たち国民に伝わるのです。

◇美しい日本の淵源《えんげん》はいずこにありや

民進党のニューリーダーにH氏がいます。彼は京大の後輩だけれども、ある時、会ってこんな話になりました。

「先輩、僕も保守ですよ」と。彼が語って言うには——

「渡辺京二《わたなべきょうじ》氏（この人はリベラルな歴史家であり、評論家なのですが）が書いた『逝《ゆ》きし世の面影《おもかげ》』という本がある。そこには、幕末から来日した外国人の手記を丹念《たんねん》に調べて、当時の日本の状況を見事《みごと》に書き出している。そこには美しい日本の姿が描かれている。貴族から庶民にいたるまで立派な日本人の姿が、外国人の目から描かれている。そして、『こういう日本は現代ではなくなってしまった』というのが渡辺氏の論です。しかし、僕はそうは思わない。こういう日本を守り遺《のこ》したい。この本は僕にとってバイブルなんです」

しかし、私はHさんに言いました。

「なるほどな。でもね、あなたが遺したいと言うその日本は、幕末から明治に突然出てきたわけじゃない。数千年の歴史の中で、日本が営々とした営《いとな》みの中で咲き誇った花である。精華《せいか》である。花見は桜の花を見ればいいけれども、美しい花を見るときにはそれを支えている枝を見て、枝を支えている幹を見て、幹を支えている根を思い描き、根を支えている土壌を思い描かないと、美しさの本源が分からない。根っこはいずこにありや。土壌はいずこにありや。それを考えてほしい。花は遷《うつ》り変《か》わる。でも根っこや土壌は変わらない。日本にとっての根っことは何だと思う?」

Hさんはそれが分からないようだったから、私は続けました。

「私もずっとそのことを考えてきた。日本の文化は、外来の文化を吸収してきたから、いろんなものが外にオリジンがある。しかし、玉ねぎの皮をむいていくように、その芯《しん》を探していく。すると、行き着く先はどれも同じだと思う。それがご皇室だよ。世界になくて、日本にしかないもの。数千年の歴史を持ち、しかも権力者としてではなく、大きな家父長《かふちょう》としてのご存在が天皇陛下でしょう。我々はみんなご皇室の子供のようなものです。日本人はみんな、そういう意識を抱いてきたから、美しい日本の姿が生まれたのです」

天皇陛下は、ご皇室は、私たち日本人にとってかけがえのない尊い存在なのです。

◇日本人の魂の根っこを持っていた山上憶良《やまのうえのおくら》

それからもう一つ、日本語の美しさです。言葉の綾《あや》というか、豊かさですね。これも世界に誇る美しさです。

山上憶良《やまのうえのおくら》が『万葉集』に収められている歌で「好去好来《こうきょこうらい》」というのがあります。平易《へいい》にいうと「元気に行ってこい、元気に戻ってこい」という意味で、これは遣唐使《けんとうし》を送った歌でした。

山上憶良は、初期の遣唐使で支那大陸に渡った人です。彼は後に、若い遣唐使の人たちに歌を贈る。その歌が「好去好来」です。その最初にはこう書かれています。

「そらみつ　倭《やまと》の国は　皇神《すめかみ》の　厳《いつく》しき国　言霊《ことだま》の　幸《さき》はふ国と　語り継ぎ　言《い》ひ継《つ》がひけり」

日本の国（大和《やまと》の国）というのは、万世一系《ばんせいいっけい》の天皇が治められている立派な国である。そこは言葉がとても豊かな国である、というわけです。

どうして山上憶良は、そんなことを言っているのでしょうか。それは、支那（唐）に行っても卑屈《ひくつ》になるなよと言っているのです。日本には日本の、支那にはない良さがある。それは「すめかみ（天皇）」と「言霊《ことだま》（日本語）」だと。このことを冒頭に歌っているわけです。山上憶良は支那（唐）に渡って、長安でいろんなことを感じてきた。その時に日本人としての誇り、何が日本を日本たらしめているかを見たんだと思うのです。山上憶良はそれを遣唐使たちに伝え、決して卑屈にならず、元気に帰ってこいと言いたかったのだと思います。

そのことを私はHさんにも話しました。このような日本の根っこを枯らしてしまえば、彼が言う〝花〟も枯らしてしまうことになる。日本人の大事な根っこがそこにあります。

私だけが正しいとは思いませんが、今の政治家たちはそうした根本をもっと勉強する必要があると思います。政治家は何を守るか、守るために何を変え、何を変えてはいけないか、それをはっきり持っていないと政治家としての判断を誤ることになると思うのです。

◇松下政経塾との出合い

私がなぜ政治家になったのか。松下幸之助との御縁をひもときながら紹介したいと思います。

私は昔から伝記を読むのが好きでした。その伝記を読みながら、自分はどのように生きたらいいのかといつもイメージしていたのです。

そんな高校二年生の時、ロッキード事件が起きました。田中角栄元首相が受託《じゅたく》収賄《しゅうわい》等の罪で逮捕され、日本中は大騒ぎになりました。国会でも証人喚問《しょうにんかんもん》などが頻繁《ひんぱん》に行われ、その中継や報道を見ていたのですが、政治家たちが「記憶にございません」「妻が…」「秘書が…」という言葉を繰り返していた姿に、何をやっているのだろうという気持ちになったのを覚えています。

その頃、NHKで勝海舟《かつかいしゅう》を取り上げた大河ドラマもやっていました。幕末維新の物語でしたので、西郷隆盛などの志士《しし》の群像が描かれていました。それを衝撃《しょうげき》を受けながら見ていたので、「同じ日本人で、明治維新のときにはあんなにも立派な人が数多くいたのに、今の人たちはこんなに情けない。どうしてこの差が出てくるのだろう」と思うようになったのです。

それで高校三年生の時、このような幕末の人物を生み出すような人物養成の塾をつくりたいと強く思うようになりました。

父親からは、私が正義感が強すぎたこともあり、「お前は弁護士になれ」と言われ、大学の法学部に進学させられました。それで、法学部の授業で六法全書を開いてみると、日本国憲法の後に英文の憲法が載《の》っているのですね。最初は「日本の憲法というのはすごいな、英語訳もあるのか」と思ったのですが、実は逆で、英文で書かれたものが最初で、後から日本語訳ができた。日本語訳におかしいところがあったら、英文の方を読むと意味がよく理解できる。そうしたことが次第に分かってきたら、「なんてひどい国なんだろう」とすっかり法律を学ぶ気持ちが失《う》せてしまいました。

私が京都大学に通っていた当時は、左翼の牙城《がじょう》のようなところでした。当時は蜷川虎三《にながわとらぞう》知事の府政が続いていて、学内は、「右翼」と呼ばれている人たちは共産党系の民青、「中間派」と呼ばれている人たちは革マル、「左翼」と呼ばれている人たちは革労協と赤軍派だったのですね。すごい所に来たものだと思いました。私はノンポリで、彼らのやり口があまりにひどかったものだから、自ら「政治思想研究会」というのをつくって勉強するようになりました。そのきっかけは、京大教授だった勝田吉太郎《かつだきちたろう》先生の予備ゼミに入ったことで、だんだん目が覚めてきて保守的思想になっていきました。四年生の時には高坂正堯《こうさかまさたか》教授のゼミに入って勉強していました。

私自身は弁護士になる気がない。そんなことより、高校時代に志した人物養成学校をつくるんだと思っていたわけです。その構想を、大学時代にずっと書き留めていたわけです。そんな大学三年の時、松下政経塾ができたということを知りました。松下幸之助のことはよく知りませんでしたが、松下政経塾のことを調べてみたら、「これは俺がやろうとしていたことじゃないか」と思って、それから松下幸之助の著書を読むようになったのです。

著書を読めば読むほど、心が引き込まれていきました。ここで勉強したい、そしていずれはそのノウハウを使って、自分自身で人物養成塾をつくりたいと思いました。それで松下政経塾の試験を受けたのでした。一次試験はペーパーテストや面接で、二次試験は面接や討論、英語のヒアリングや体力テストなどもありました。そして三次試験まで進んだところで、松下幸之助の面接となるわけです。私は二期生として受け、八五〇人ほどの中から最終的には十九人が残っていました。それで三次試験を受ける前、条件としてゼミの先生から「推薦状」をもらってくるよう言われました。

高坂正堯先生はそのころ松下政経塾の理事をされていたのですが、私は高坂ゼミにいながら、高坂先生には松下政経塾を受けることを一切言っていなかったのです。それで先生のお宅にうかがって、松下政経塾を受けて三次試験まで通ったことをお話しし、「推薦状」を書いていただきたいとお願いしました。

高坂先生は理事をされているから、すんなり書いてくださるだろうと思っていたら、「書けんな」と言われるわけです。私は「あそこに行くことを、わしは勧《すす》めん」と。私は戸惑《とまど》いながら理由を尋ねました。

「あそこは五年間の全寮制だ。まだ出来たばかりで、五年間いったからといって政治家になれる保障はどこにもない。君、食《く》いっぱぐれるよ。そんなことが分かっているのに、ゼミの教官として『推薦状』は書けんな」

「そんな先生、理事までされているのにひどいですよ」

「理事をやっているから分かっとる。かわいいゼミ生を、そこに出すわけにはいかん」

「それは困ります。僕はなんとしてでも行きたいのです」

そう言って、私は松下政経塾を受けた動機を高坂先生に話しました。先生は困っているようでした。

「だったら『念書』を書け。五年間、全寮制だから時間があるだろう。その間に何か国家試験を取ること。そこを出て食いっぱぐれないようにしろ。弁護士は無理だけど、税理士の資格くらいは取ると約束しろ」

それで私は、五年以内に税理士の勉強をして資格を取ることとの念書を書きました。それで、やっと「推薦状」をいただくことができたのです。

◇松下幸之助との面接

こうして松下幸之助との面接を迎え、初めてお会いすることになりました。面接会場は松下政経塾で、松下幸之助が真ん中に座って、その脇に、副塾長の丹羽《にわ》正治《まさはる》・松下電工会長、常務理事の宮田義二《よしじ》・鉄鋼労連委員長、緒方彰《おがたあきら》・NHK解説委員がおられ、司会は江口克彦《かつひこ》・PHP総合研究所専務でした。

私は一人でその前に座っていて、いろんな質問を受けるわけです。それを松下幸之助はじっと見ているだけでした。怖いなと思いました。

ひと通り質問が終わった後、江口氏が「塾長から何かございますか？」と言われました。松下幸之助がようやく口を開かれました。

「君、酒飲むか？」

「お酒ですか？　飲みます」

「どんな酒や？　楽しい酒か、悲しい酒か？　歌とか歌うか？　君、飲んだらどうなるんや？」

「めちゃくちゃ楽しいですよ。みんなで肩を組んで歌ったりします」

「そうか、君、楽しい酒なんやな、分かった。ところで君な、彼女おるか？」

「彼女ですか？」――想定外だなと思いました。

「君な、ここは五年間の全寮制や。我慢《がまん》できるか？」

「我慢できます」

「そうか。君な、ここ入ったら五年間、我慢してもらわないかんで」

「はい、分かりました」

「ところで君な、何になるんや？」

「本当のことを言いますと、こういう塾を自分でつくるという思いで、この塾に臨《のぞ》んでいます」

「そうか。けどな君、ここは政治家をつくる塾や。君、政治家になってもらわな困るんや」

「僕は無理だと思います」

「何でや？」

「うちはサラリーマンの家庭で、〝ジバン（地盤）〟〝カンバン（肩書）〟〝カバン（お金）〟がありませんから。それは無理だと思います。だから政治家をつくる仕事をしたいのです」

「君な、この日本国にも運命があるなら、この塾にも運命があるんや。ここに入れば、必ず君、政治家になれるんや。そういう塾や、ここは」

なんか変なことを言うなと思いながらも、私は「そうですか。分かりました」

といって、面接が終わってしまったのです。

何か与太話《よたばなし》みたいなものだったので、「これはもうダメだ。時間つぶしのために、お茶を濁《にご》した質問をされたのだろう」と思っていたのです。そしたら、合格してしまったのでした。

その後、松下政経塾に入りましたが、おそらく塾生の中では私が一番、松下幸之助と接点が多かったと自負しています。眼光《がんこう》のするどい人でしたが、〝お茶目《ちゃめ》な、おもしろいおじいさん〟という感じでもありました。

ある時、雑誌のインタビューで松下幸之助が「塾生採用の基準は何ですか？」という質問に答えられているのを読みました。

そこには、「〝運〟と〝愛嬌《あいきょう》〟が基準だ」と書かれていました。

「運ということでは、運のええ奴《やつ》を集めんとアカン。新しい事業を立ち上げる時には、運の悪い奴を集めたら失敗してしまう」と言われるのです。

運のいい人というのは分かるものでしょうか、という質問に、

「それは分からんわ。けどな、何十万人も人を使っていると、何となく勘《かん》がある。

こいつは運が良さそうや。こいつはアカンなと。その運が良さそうなのを、自分が信じるしかない」と言うわけです。

愛嬌ということには、こうおっしゃられていました。

「ＩＱ（知能指数）とは違うで。ＩＱはアカン。人間の知恵や力はたかが知れとる。どんな素晴らしい才能でも限界があるんや。たくさんの人の知恵には及ばんな。だから、大きな仕事を成《な》していくには、その人が多くの人たちの知恵を集められるようでなきゃいかん。それが〝愛嬌〟や。愛嬌のある奴はな、あいつが頑張《がんば》っているなら助けてやろうと、みんな思うんや。愛嬌のない奴は、足を引っ張ってやろうと思われるんや。だから、これが事業が大きくなるか、ならへんかの一つの分かれ道やな。だから、女も愛嬌、男も愛嬌や。ここが一番のポイントや」

必ずしも松下政経塾に選ばれた人がそうというわけではないでしょうが、松下幸之助自身は、そういう人間の観方《みかた》をしていました。

その後、ある人が松下幸之助に「運の悪い人はずっと悪いのでしょうか」と聞いていましたが、こう答えられていました。

「それは違うな。運を良くするには、簡単なことや。それは徳を積むこと。それは、毎日誰かから感謝されるように頑張ることなんや。誰かから『ありがとう』と言ってもらえるように生きること。毎日一人ずつ『ありがとう』と言ってもらったら、一年間に三六五人から『ありがとう』と言われるやろ。そういうのを積み重ねていくことが徳を積むことになり、必ず運が良くなるんや。難しいことはあらへんで」

それが、松下幸之助の人生観でしたね。

◇松下幸之助の教え――素直な心

松下政経塾で、松下幸之助から一番言われたことは、「素直な心を最も大切にする」ということでした。それは従順《じゅうじゅん》とは違います。〝素直〟というのは、捉《とら》われなく観《み》ることだというのです。イデオロギーや偏見《へんけん》に捉われてはいけない。ものの実相《じっそう》を観《み》る力というのは簡単ではないというのです。

それで、どうやったら素直な心になるでしょうか、と私は尋ねました。

「毎朝起きたら、太陽に向かって『今日も一日素直な心でいます』と三回唱えるんや。それを三十年間やったら素直〝初段〟になる。ワシはまだ〝二段〟や。それを毎日毎日やっていれば、自然に人間の心は素直になるんや。素直になるとな、物事が歪《ゆが》んで見えないから、必ず成功するんや。ここが、この塾の一番大事なところや」

松下幸之助は、いろんな意味で面白いことをおっしゃいました。その中で一番厳しかったのは、トイレ掃除でした。塾にいらっしゃるとトイレばかり見て歩かれました。

「君らな、トイレ掃除の名人にならんといかんな。これ、まだダメやな。ここアカンな。トイレ掃除ひとつできんようで〝天下の掃除〟はできへんからな」

これが口癖《くちぐせ》でした。

松下幸之助が塾生を叱《しか》った時もありました。

松下政経塾にはカリキュラムはありませんが、唯一《ゆいいつ》あったカリキュラムが、松下電器の工場で二ヵ月半の実習をすることと、販売店で二ヵ月半の〝丁稚奉公《でっちぼうこう》〟をすることとです。これが、一年目のカリキュラムに入っているのです。

私も藤沢市のテレビ製造工場に出され、毎日、ラインでビス打ちをやりました。それから、茅ヶ崎市のある電器屋さんに行き、クーラーの販売や取り付けなどを手伝ったりしました。

松下幸之助は、そのことをこう話していました。

「君な、社会の生産や販売の現場を知ることや。世間のほとんどは生産と販売をやっとる。君ら、それを知って政治家にならんと」

中には、「二ヵ月半でそういうのが分かるのでしょうか？」という塾生もいました。そういう人に松下幸之助は、こう語りかけていました。

「〝腰掛《こしか》け〟の気持ちで行ったら、三十年たっても分からへん。そこに行ったら、〝丁稚《でっち》〟やったら〝丁稚〟になり切るんや。〝工員〟やったら〝工員〟になり切る。今日もなり切るぞ、という気持ちを持って行けば、本物が見えてくるもんや。すべて心次第や」

これが松下幸之助の教えなのです。

だけど、塾生の中には「俺は松下電器に入ったんじゃない。政経塾に入ったのに、どうして電器屋とか工場に行かされるんだ」という人もいました。とりわけ、一期生の中に販売店でいざこざがあった人がいました。「これは自習だから、こんな研修は俺はやらん。やっても無駄だ。俺はちゃんと政治の勉強をするんだから、そんなことはやらん」と。

松下幸之助は二ヵ月に一回、政経塾に来て、一期生、二期生をみんな集めて、一人ずつ報告させるのです。それで、先の一期生が「出向先の社長はまったく尊敬できない。あんな所に行っても時間の無駄だから、自分はもっと有効に時間を活用したい」と、生意気なことを言うのです。

するとと松下幸之助は、

「そうか。君の言うことはもっともやな」と言うのです。この「もっともやな」という言葉は口癖のようによく言っていましたね。

「けどな、君は『社長が悪い』と言うけど、十のうち十、社長が悪いと言えるか?」

「そう言われれば、十のうち二、三くらいは私が悪いかも知れません」

「そうか、そういう素直さは大事やな……」

ここからでした。松下幸之助は青筋を立てて、机をバンバン叩《たた》いて怒鳴《どな》りました。

「君な、十のうち自分が二、三悪いと気付いたら、たとえ相手が四歳の子供であっても、その子の前で土下座《どげざ》して『私が悪うございました。すみませんでした』と謝れるようでないと天下取れん。そういう器量がないと天下取れへん。君は二か三以外は少しも悪くはないと言うかもしれんけど、一に対しても土下座して謝れるようでないと、器量がない。この政経塾から出ていってもらう」

松下幸之助の形相《ぎょうそう》に、その塾生は血相《けっそう》を変えて、「すみませんでした。今から販売店の社長に謝ってきます」と言って、走り出して行きました。

◇松下幸之助の教え――都議会議員選挙に初出馬

私が松下政経塾に入った大きな理由の一つに、四年目の時に好きな所に海外研修に行かせてくれるというのがありました。私としては何としてでもアフリカに行きたかった。それはレアメタルの問題に関心を持っていたからです。

ところが、提案書を何回出しても私だけ行かせてもらえないのです。あまりにもひどいなと思っていたら、「塾長に言え」というわけです。それで塾長がいらっしゃった時に直接訴えました。松下幸之助はこう言いました。

「君はな、日本の勉強が先や。君みたいのを海外に出したら、そのまま風船みたいにどっか行ってまうわ。日本をよく知ってから行くんや。君はまだ足らんからな。人間の勉強、日本の勉強を先にして」

後で考えてみると、まったくその通りだなと思うところがあったので、やはり松下幸之助はおもしろい人だなと思いました。

私は四年次の時に結婚したのですが、松下幸之助からは「えらい早いな。約束と違うやないか」と言いながらもお祝いをいただきました。

その後、実は選挙に出ることになったのです。塾生の段階で選挙に出るとは考えてもいませんでした。それが新自由クラブから出ることになったのです。というのも、新自由クラブの河野洋平代表の選挙区が平塚にあり、その隣の茅ヶ崎に松下政経塾があったのです。当時、松下幸之助は新自由クラブを応援していたこともあり、河野代表とも親しくしていました。それで河野代表が、「来年の都議会議員選挙に政経塾の塾生で、いい人がいたら塾長から推薦してもらいたい」という要請があったそうです。それで私に声がかかったのでした。

でも、結婚したばかりで子供も生まれていました。だから、とても選挙なんか無理だし、お金もないからとお断りしたのです。ところが、河野代表が直接会いたいと家まで訪ねてきて、それから二回ほどお会いしました。それでずいぶんお断りしたけれども、松下幸之助からも了解を得ているというので、出馬することになったのです。

何の準備もせずに出馬することになって、七月の選挙にむけてその前の一月に松下政経塾をやめて事務所をつくりました。二十七歳で選挙なんてやったことがなく、二ヵ月でお金がなくなってしまいました。それで困ってしまって、松下幸之助にお金を貸していただけるよう手紙を書きました。「とにかく選挙運動を進めることができないので、何とかお金を寄付してください」と。でも、何度お願いしても梨《なし》の礫《つぶて》で、まったく反応がないのです。

それで、松下幸之助に直接お会いしようと思い、四月に松下電器の東京支社の相談役室でお会いすることになったのです。そこで選挙資金の寄付をお願いしたのですが、松下幸之助はずっと考えておられた。そして、口を開かれたのでした。

「それはできへんな」

「なぜですか?」

「ワシが山田君に寄付したら、君、落ちる」

「何で落ちるんですか? お金がないと選挙ができないんです」

「君、考えてみ。ワシは大金持ちや。山田君を松下幸之助が応援しているとなれば、『山田さんは絶対にお金に困らない』と皆そう思う。でも、ワシは杉並区に一票もあらへんで。投票によって当選するんやろ？　『松下さんがついているから山田さんは大丈夫だ』となったら、誰も君に力を貸してくれる人はおらへんようになるやないか。それで君、当選できるか？　出来へんやろ？　君、それで落ちるやないか。ワシがついたら落ちる。だからワシは出さんのや」

私はがっかりして帰ろうとしました。すると、松下幸之助が私を呼び止めるのです。

「ワシが良い案を出してやろう。君、『奉加帳《ほうがちょう》』知っとるか？　『奉加帳』というのは、昔、町内会でいろんな公共物をつくる時に寄付を集めるために回す帳面や。君、その帳面をつくってな、『私はこういう政治をしたいから、お金がないけど頑張ってやるから、皆さん寄付してください』と言って回ってお金を集めればいいやないか。それで名前を書いてもらって、最後の行だけ空《あ》けとけ。そこにワシも名前を書くわ」

結局、『奉加帳』はやりませんでしたけれど、お金がない中で選挙をやっていました。そしたら六月になって、松下電器の相談役室から電話がありました。松下幸之助が激励してやるからと呼ばれたのです。

松下幸之助は笑顔でした。

「君、よう頑張ってるやないか。ワシ、いろいろ聞いとるで。来月やな。もう一歩、頑張ってくれや。これ、ささやかな志《こころざし》や」

そう言って、小切手を渡してくれました。初めて見る小切手でした。そこには五百万円と書いてあったのです。すごいなと思いました。

「ありがとうございます。これで頑張ります」と申し上げましたら、

「君、それ〝貸し〟やで」

「〝貸し〟ですか？　ということは、お返ししないといけないんですね」

「当たり前や。君、これで選挙に通ってもらってな、それで返してもらうんや。三月十五日や、返済日は。十年返済でええわ。年五十万やな。それを必ずやってもらう。その代わり、これは君に出したるわ」

嬉《うれ》しいのか、悲しいのか、そんな気持ちでいましたら、松下幸之助が、

「君な、〝貸し〟やといってガッカリすることないで。そこまで言うんやったら、利子はいらんわ」

「利子まで取るんですか？」

「利子は寄付したるわ」

普通、人間は〝借りた人〟は忘れて、〝貸した人〟は覚えているものですね。私がその後、都議会議員に当選してからは、毎年三月十五日に請求書が必ず送られてくるようになりました。

当選後、松下幸之助とお会いしました。

「山田君な、『実るほど頭《こうべ》を垂《た》れる稲穂かな』という諺《ことわざ》を知っとるか。これをよく心に刻《きざ》んどけ。若いうちに、そんなポジションに就《つ》いたらロクなことあらへんのや。とにかく謙虚や。謙虚さを忘れたらアカンで」

散々言われました。

松下幸之助はその四年後、昭和天皇の後を追うように、平成になって間もなく亡くなりましたけれども、亡くなった後も〝請求書〟はちゃんと引き継がれて、その後も六回にわたって毎年五十万円の請求書が来ました。当選して十年後に、私はきちんと〝完済〟しました。亡くなって松下幸之助のことを忘れてしまいそうになることもありましたけれども、請求書のたびにその教えを思い出させられました。こういうお金の使い方もあるのだと思わされました。

松下幸之助にしてみれば、五百万円なんて微々《びび》たるものかも知れません。資産が二千億円ですから。けれども、お金の使い方にこそ人格が宿るというか、やっぱり松下幸之助はお金の使い方が上手なところがありますね。ご自身が苦労されているだけに。お金は〝人を育てるために使う〟のであって、喜ばせるために使うわけではない、ということです。

◇松下政経塾がつくられたわけ

松下幸之助は、なぜ松下政経塾をつくったのか。これは何度も聞かされた話です。その原点はＰＨＰ運動なのです。ＰＨＰ運動というのは、昭和二十三年の公職追放の際、松下幸之助は借金王になって何もすることがなくなった。それで、なぜ日本がこういう状況に陥《おちい》ったのか。どうやったら平和と幸せが社会の繁栄を通して実現できるかと思考し始めて、ＰＨＰ研究所をつくったわけです。

ＰＨＰ研究所というのは、「Peace and Happiness through Prosperity」――つまり物心両面の繁栄により、平和と幸福を実現していくというものです。それが政治の改善にまで及《およ》んでいくわけです。

松下幸之助が松下政経塾を設立する直接の原因になったのは、膨大《ぼうだい》な税金なのです。当時は累進課税《るいしんかぜい》で所得税が九割ぐらい取られていたと思います。松下幸之助から見れば、こんなことをやっていたら一揆《いっき》が起きるというわけです。「ワシは金持ちだから出してもいいけれど、使い方をみると、こんな無駄遣《むだづか》いをしていたら、誰がお金を出しても国が潰《つぶ》れる」という危機感が強くなって、もっと生産性の高い経営をしなければいけないと立ち上がったわけです。

政治家にとって必要なものは「愛国心」だと言いましたけれども、二番目に必要なのは「経営者という意識」です。つまり、なるべく少ない国民の負担で、なるべく良い政治をするということ。これは会社も一緒です。

松下政経塾というのは、「松下政治経済塾」ではなく「松下政治経営塾」なのです。松下幸之助にしてみれば、会社経営も、人生も、家庭も、そして国家も、経営という視点では一緒だということです。国家でも、経営としての視点をもった政治家が出てこないといけないという考え方です。

高額納税者の松下幸之助にしてみたら、納税した後のお金の使い方を見ていると、経営者から見て本当に馬鹿《ばか》ばかしいことをやっている。これではいけない。こんなことをしていたら、いくらお金があっても国が潰れてしまう。我々が努力しても、努力しがいのない政治だ。もっと政治の生産性を上げなければいけない、というのが松下幸之助が政経塾をつくった理由です。

しかし、「塾」というのは創設者がいなくなってしまうとダメですね。言葉は悪いですけれども、その組織を維持することを自己目的にしてしまう。人を育てるというのは、なかなか難しいことだと実感します。

松下幸之助は八十五歳で政経塾をつくりました。そして九十四歳で他界しました。あまりにも短かったですね。そのうち九年ありますが、元気だったのは最初の二、三年ですから。松下幸之助のほとばしるような情熱、情念をひしひしと感じたのは、せいぜい三期生までです。それ以降は、松下幸之助の体調によって年に一回ぐらい儀礼的に会うぐらいだったのではないでしょうか。それは薫陶《くんとう》を受けたとは言わないですね。塾にカリキュラムがあったわけではありませんので、すべてが松下幸之助という人物から発している〝光〟によって、人育てが行われようとしていたわけです。結局、その恩恵《おんけい》にあずかったのは、一期生、二期生、せいぜい三期生までです。

だから、民進党にも自民党にも、松下政経塾出身の人はたくさんいますけれど、真の松下幸之助を知らないのです。特に〝塾〟みたいなところは、創設者の熱き魂に触れる——松下村塾で吉田松陰先生のほとばしる情熱に触れるように——そうやって感化《かんか》されていくわけです。それには、松下幸之助は年を取りすぎていた。だから松下政経塾の出身者のせいではなく、不運にもそういう松下幸之助の気概《きがい》に触れる機会が訪れなかったということです。その分、私たち一、二期生の役割は大きいということです。

私も途中まで、松下政経塾の役員を務めていましたから、国家観の教育ということもきちんとすべきだと教育してきました。獨協大学名誉教授だった中村粲《あきら》先生に出講いただいて、日本の近現代史講座を行ったりしました。しかし、いろいろな経営に携《たずさ》わってきて、いろいろな国家の状況をつぶさに見てきた松下幸之助から出てくる言葉と、いわゆる本を読んで学ぶ国家観とは当然違ってくるのは仕方のないことだったと思います。

第四章　信念と決意をもった改革の断行

◇杉並区長となる

私が杉並区長になったのは、平成十一年でした。都議会議員を二期、それから衆議院議員を一期務めた後のことです。その経緯は次の通りでした。

平成八年九月、衆議院議員の二期目をかけた選挙で私は落選しました。三十八歳の時で、それから浪人生活が始まるのです。私は二十七歳の時に史上最年少で都議会議員に当選してから、ずっと議員生活でした。それで落選して一年目は何とかなるだろうと甘く考えていたのです。

しかし、収入が完全に途絶え、秘書も辞めてもらわないといけない、事務所もなくなりました。建てた家も車も売却しなくてはならなくなりました。しかも、多額の住民税を請求されたのです。当時は恥ずかしながら知りませんでしたが、住民税は前年の収入額によって決まります。それで、こんなに払えるわけがないと思って、区役所の課税課にも行きました。区役所で一番お世話になったのは課税課で、私自身は恥ずかしくて、区役所が二度と行きたくない所でした。

浪人二年目でお金もなくなり、やることがなくなりました。もう政治を辞めようと思ったのです。その時にふと考えました。私は何のために政治をやるのだろうと。そして、いろいろ勉強し始めたのです。

それで、日本の戦争というのはいったい何だったのだろうと思い、近現代史を徹底的に勉強するようになりました。最初に読んだのは、中村粲《あきら》著『大東亜戦争への道』でした。それから近現代史の本を、原書・原典などを調べながら読みあさりました。「パール判決書」も丹念《たんねん》にすべて読みました。それで、「日本が悪いことをした」という学校教育で学んだ歴史観から、一気に覚めることができました。

それから、もう一つ学んだことはサッチャー首相のことでした。サッチャーはどうしてイギリスを再生することができたのか、と関心を持ちました。サッチャーの愛読書は、サミュエル・スマイルズという人が書いた『自助論』("*Self-Help, with Illustrations of Character and Conduct*")という本です。それも原書で読みました。

その後、サッチャーが影響を受けたフリードリヒ・ハイエクという人が書いた『隷属《れいぞく》への道』("*The Road to Serfdom*")という本も読みました。これは西山千明さんの訳本で読みました。

そうして近現代史の歴史を学び、サッチャーのことを学ぶと、自分の内からもう一度、政治の世界に戻って、国会議員に戻りたいという気持ちが湧《わ》き起《お》こってきたのです。

そんな時、杉並区の若い経営者の人たちが、「杉並区長になってくれ」と言ってきたのです。何でも、「今までの区長は助役だった人がなっている。最後の〝上がり仕事〟のようだ。区の職員がそのまま区長になったのでは何も変わらない。あなたは松下政経塾を出て経営のことも学んだのだから、区長になってほしい」というわけです。そうした声がすごく増えてきました。

ところが私は国政に気持ちが向いていましたし、「〝二度と行きたくない〟と思っていた区役所の長なんて」と思い、まったく関心がありませんでした。それで断り続けていたのです。

そんな平成十一年一月、ある年輩の女性から手紙をいただきました。ずっと私を応援してくれている方です。

「いま、ちまたで『山田さんに区長になってほしい』という話を聞きました。私もぜひ区長になってほしいと思います。山田さんは国を変えたいとおっしゃっています。その考え方は応援します。だけど、国を変える方法は国会議員だけではないと思います。杉並区長になって、杉並区を日本のモデルにして、それを真似《まね》する自治体が増えていくことで、日本が変わっていくこともあるのではないでしょうか。日本を変えるという目的は一緒で、手段が違うだけではないですか。例《たと》えるなら富士山への登山口はいくつもあるように、日本を善くする登山口もいくつもあると思います。今、皆さんから期待の声があるなら、その声に応えるべきではないですか」

私は国会議員という山に登る装備と、区長という山に登る装備とはまったく別で、また別の〝山〟だと思っていました。が、この手紙を読んでその心がすっかり変わってしまって、〝国〟でやりたいことを〝杉並〟でやればいいのかと思いました。それで杉並のことをいろいろ調べたら、国の縮図みたいなところもあって、翌二月に杉並区長になる決心をして、四月の選挙で現職を破って杉並区長になりました。

◇区役所に「日の丸」の国旗を掲げる

杉並区長になってまず手をつけたいことは、あらかじめ決めていました。一つは、区役所の前に立っているポール（掲揚台）に「日の丸」の旗を掲《かか》げることです。もう一つは、自らの給与を下げることです。その二つを、区長になった初日にやろうと思っていたのです。

なぜ「日の丸」の旗を掲げようと思ったかと言うと、区役所の掲揚台には区の旗は毎日揚《あ》がっていましたが、国旗は祝祭日にしか揚《あ》がっていないのです。それには当然、違和感がありました。

国旗を掲げるのは簡単だろうと思って、すぐに助役を区長室に呼んで、「日の

丸を揚《あ》げてください」と言ったのです。そしたら助役が、

「すぐには無理です。二、三日かかります」と言うではありませんか。

「ダメですよ。私は登庁した日から揚《あ》げることにしているのですから。何で揚《あ》げられないのですか？」

「『国旗等を掲揚する要項』というのが杉並区にはございまして、そこに祝祭日に国旗を掲げることになっています。今日は平日ですから、その要項上、不可能です」

そんな馬鹿《ばか》げた要項があるのかと思いました。

「その要項というのは、誰がつくったのですか？　区議会ですか？」

「いえ、区長です」

「区長は私ですから、私がその要項を変えます。変えてください」

そしたら助役が「変えますか？」と言うのです。

「当たり前じゃないですか。毎日、国旗を揚《あ》げるように変えてください」

「二、三時間かかります」

「何でそんなに時間がかかるんですか？」

「いや、いろいろ稟議《りんぎ》をやって、各部課から印鑑をもらわないといけません」

こんなのが役所の仕事かと正直あきれましたよ。

「それではダメです。私の机の上に『日の丸』を持って来てください！」

「どうするんですか？」

助役はキョトンとしているのです。

「それを持って、私自身が掲揚台のところまで行って、私の手で揚《あ》げてきます。それなら誰も止められないでしょう」

「いや、待ってください。すぐやりますから」

「できるんですか？」

それでようやく「日の丸」が区役所に掲げられました。杉並区役所という所は、本当にのんびり動いているのだなと思いましたよ。

私は浪人中、考えていたことがあります。それは、地方というのも〝国〟があっての地域です。いつも地方自治と国というのがぶつかって、喧嘩《けんか》しているような形になっていますけれども、本来は共存共栄のはずです。日本が発展すれば地域が発展し、地域が活性化すれば国も活性化する。相互関係が深いのです。だから地方自治体であっても、きちんと愛国心をもって「日の丸」を掲げることが大切であるということです。

◇財政再建に乗り出す

杉並区長になって、やらなければならない最大の課題「財政再建」がありました。これは大変な問題でした。

というのも、当時、区の歳出の九四％が固定費だったからです。固定費というのは、人件費、借金の返済、それから扶助費《ふじょひ》（福祉に係る費用）などです。扶助費というのは全国統一の基準で、各自治体の拠出額《きょしゅつがく》というのは決まっているわけです。だから、これは減らせない固定費なのです。そうして固定費を差し引くと六％しかない。これでは誰が区長をやっても〝仕事〟ができません。だから、固定費をいかに減らすか、または収入を増やすかということになります。が、収入を増やすと言っても、増税などできません。歳出を減らすしか方法がないのです。それには固定費を削《けず》るしかない。借金の返済は先送りできませんから削れない。扶助費は国が基準を設けているから削れない。ということは、人件費しかないのですね。人件費は、議員、区職員、それに区長の給与です。

それで、私は区長になった初日に自らの給与を十％カットして、ボーナスも半分にしたのです。トータルで十五％の削減です。同じように、助役や議員の給与もカットしました。一般職の方の給与も下げました。

さらに人件費を減らすために、四千人いた区の職員を、十年間で三千人にまで減らす計画を立てました。私は自らの給与を十五％カットしましたが、なぜ十五％にこだわったかと言うと、杉並区は毎年十五％が赤字なのです。その赤字を借金で埋めていて、借金は九四〇億円にまで上っていました。だから、この毎年の借金の部分、十五％はこれから借金しないぞと決めたのです。

それで支出を十五％抑える。年間一千三百億円の予算ですから、十五％は二百億円の削減です。これを四十一歳の若い区長がやろうとしたのです。そしたら、区役所はもとより、区議会も、蜂《はち》の巣《す》を叩《たた》いたようになって「そんなのできない」の大合唱です。「区役所の機能がみんなストップしてしまう。絶対に無理です。できません！」と、それこそ身を挺《てい》して反対されるのです。

それでも私は、「これは約束事ですから、無理やりでも十五％削減の予算をつくってください」と押し切りました。

◇紅白饅頭《こうはくまんじゅう》をなくした区長？

すると、九月の敬老会から〝効果〟が出てきました。私はそんな効果があるとは思いもしませんでしたが……。

敬老会では毎年、紅白の饅頭《まんじゅう》を配っていたのですが、それが〝消えた〟のです。そしたらお年寄りの方がみんな怒《おこ》ってしまって、私の所に手紙が来るわけです。「日本古来の風習を何で切り捨てるのか！」「饅頭みたいなものを切ってどうするんだ！」「これが行革か？　行革だったら、ブラブラしている職員のクビを切れ！」と、すごい手紙がいっぱい来ました。

私は、饅頭《まんじゅう》が無くなるなんて知りませんでした。そもそも饅頭を配っていたことさえ知りませんでした。それで、饅頭を担当している課の責任者を呼んで「饅頭って全部でいくらするの？」と尋ねたのです。そしたら二五〇万円だと言うではないですか。千三百億円のうちの二五〇万円です。普通だったら「饅頭ぐらいはあげてもいいかな」と思い直すかも知れませんが、私はそうしませんでした。それで、お年寄りの方からは怒られ通しです。

「今の区長がいう行革には賛成するけど、饅頭切ることが行革か！」

私は支出を十五％削減しましょうと言ったけれども、饅頭を〝切った〟わけではありません。

その次に聞こえてきたのが、区民センターの〝お茶〟のサービスです。お茶の給湯器が備えられていたのですが、これがなくなったのです。それで苦情の手紙が届きました。

「何でお茶のサービスがなくなったのかと職員に聞いたら、『区長の方針です』と言うではないですか」と。

私は「給湯器を減らせ」とは言っていませんが、区民にしてみると何を些末《さまつ》なことをやっているのかという感じです。半年もすると、「山田区長は何をつまんないことをやっているんだ」という非難を受けました。

そんな中、歳出削減の大所《おおどころ》の一つに医師会への支出がありました。医師会は、最大の公益団体でありながら政治力も持っているわけです。医師会には委託費とか補助金など区からたくさんのお金が出ていたのです。それを十五％カットするというわけです。これは大きな額になります。医師会はカンカンに怒っていました。

区長になった翌年の一月、医師会の新年会に初めて呼ばれました。来賓席の端に座らされて、医師会長が挨拶《あいさつ》を始めました。その挨拶のほとんどが十五％削減の話です。

「区長の十五％削減というのは経営じゃない。経営というのは、削っていい予算と、削ってはいけない予算を区別することだ。一律十五％削減なんていうのは、経営じゃない。バカでもできる。もっと考え直してもらわないといけない」

　こういう内容です。人を来賓に呼んでおいて酷《ひど》いと思いましたが、続いて私の来賓挨拶になっていました。医師会長の話の間中《あいだじゅう》に、どうやって話をしようかといろいろ考えました。私は次のような話をしました。

「ただ今の医師会長のお話をおうかがいしながら、痛烈なご批判をいただいたと思います。その批判に『なるほどその通りだ』とも思いました。しかし、言わせてもらえば、それは平時の話です。今は危機です。杉並区を船に例えたら、『杉並丸』の船底に大きな穴が開いているのです。そこに借金という水が船内に入り込んで、船が傾いている。そんな時に『私は特等室の切符《きっぷ》を持っているから』『自分は食事中だから』『寝ているから』なんて言っておれません。みんな沈んでしまいますよ。ここでやるべきは、私も上着を脱いで船底に行って穴を塞《ふさ》ぎますから、全員が例外なく穴を塞ぎに行くことです。話はそこからです。そうしなければ、経営もへったくれもありません。お年寄りだって『紅白饅頭』を返上してくれていますよ」

別に饅頭を〝返上〟してくれたわけではありませんが、杉並区の人はみんな〝饅頭〟のことは知っていましたから。

そういう話を、町会連合会、商店街連合会など、区が補助金を配っている様々なところで行いました。みんな怒っていましたから。要するに、自分のところだけは例外にしようというわけです。それを例外は認めないと、無理やりでも押し切りました。

◇経費節減とサービス向上のために、学校給食を民間委託に

そのうちに面白いことが起きたのです。紅白饅頭の話が広がっていって、「杉並は饅頭を切らないといけないほど大変なのか」と、みんなが危機感を持つようになったのです。

そこから私は、十年をかけて職員一千人を削減していく行革を始めていくので

す。最初は職員を減らせば、区民サービスが低下すると言われました。普通はそう思います。けれども、私は職員を解雇《かいこ》したわけではありません。毎年百人や百五十人が退職するとしますと、その後に二十人しか雇わないのです。すると八十人減ります。これを毎年繰り返して、職員を一千人減らそうとしたわけです。そして、職員が減った分の仕事を民間に委託する。それは〝人件費〟ではなく〝事業費〟として出ていきます。しかし、区が行うよりも六割くらいの費用で委託できるのです。そうやって少しずつ歳出を減らしていく。そのために、何の仕事を民間に委託するかということが大切になります。

最初に民間会社に委託したことは、学校給食の調理業務でした。それまでは杉並区の中学校、小学校の調理業務は公務員(区の職員)がやっていました。四十歳ぐらいで給料は年間七〇〇～七五〇万円をもらっているのです。月曜日から金曜日まで、お昼の給食しか作らない。それもメニューは決まったもの一通りです。土日祝日はもちろん休みで、夏休みもある。これで一人、年間七〇〇万円以上はないだろうと思ったのです。これを民間委託にしようと決めました。

そしたら、学校の保護者からすごい反対運動が起きました。六万人もの反対署名が私の所に届きました。その反対理由を読んでみたのです。要するに、「給食を民間委託したら、民間会社は利益を優先するので、利益を優先すれば食材が悪くなる。今までの良質の素材から中国産に変わるかもしれない。それに調理師は安価なアルバイトを雇う。だから食べ物にも支障を来《きた》すかもしれない。やっぱり安定した公務員が調理業務をやるのが、おいしくて良い給食につながる。だから民間委託には絶対反対だ」というわけです。

「公務員だと安全で、民間だと危険」という論理ですね。これは社会主義の論理です。私は、民間が行う方が〝危機感〟を持ってするから、きちんとした仕事ができるはずだ、と考えていました。

杉並区では、毎月三回、区報が発行されています。そこに私は区長としてコラムを自分で書いていました。そのコラムに、学校給食の民間委託についても書きました。「果たして公務員が作ると〝安全〟か？」と。つまり、公務員は〝倒産しない〟〝給料が下がらない〟〝クビにならない〟。一方の民間は、〝倒産する〟

〝給料が下がる〟〝クビになる〟のです。この二つの組織が同じ仕事をした場合、どちらが危機意識をもって仕事ができるかと言ったら一目瞭然《いちもくりょうぜん》でしょう。民間は利益を優先しているというのであれば、街で売っている食べ物は危険でしょうか。そんな安全でないものを売ったら、その会社はいっぺんに潰《つぶ》れますよ。だから公務員がやった方がいいなんて論理はウソです。「全部が公務員になったソ連は、結局、八十年もやって何もなくなって消えてしまったではないですか」と、そこまで書きました。

そしたら、杉並区の〝進歩的文化人〟の人たちが頭にきたようで、「杉並知識人協会」の代表という都立大学名誉教授の署名で、「あなたのソ連観は間違っている」なんて批判が来ましたけどね。

私は、みんなから批判されて、次の区長選挙では必ず落選すると確信したのです。しかし、この財政再建は絶対に止《や》めないと決心していたのです。そしたらある日、心の中にスーッと柱が立った気持ちがしました。次は落選なんだと思った途端《とたん》、気が楽になりました。次は落選だと心が決まったら、人の顔色をうかがう必要もない。とにかく、やるべきことを、言うべきことを、きちんとやり遂《と》げよう。リーダーとして、いい意味での開き直りが出てきたのです。

こういうリーダーとしての気概《きがい》では、石原慎太郎さんはすごいなと思いました。石原さんが都知事の時に靖国神社に参拝します。するとマスコミが「今日の参拝は、公的参拝ですか？　私的参拝ですか？　どちらですか？」と聞かれ、石原さんは「くだらんことを聞くな」と一喝《いっかつ》です。「俺は東京都知事、石原慎太郎だ。それ以上でもない、それ以下でもない」というわけです。心がスカッとしましたね。リーダーは、そうした覚悟みたいなものが必要です。すると、みんながついてくるようになるのです。

私も、自分の信念を貫き通そうという気持ちが出てきて、学校給食の民間委託を進めていきました。

すると、五年ほどしたら面白いことが起こってきました。民間委託を徐々に広めていくと、公務員が給食をつくっている学校と、民間委託の学校とが併存してくるのです。そのうち、「うちの学校はいつ民間委託されるのですか？」と問い合わせがくるようになりました。なぜか。実際に見てみればよく分かりました。

管理栄養士が統一してメニューを作成するのですから、給食メニューはどこの学校でも同じです。しかし、公務員がつくっている学校は、カレーが一つの皿でサラダとプリンが一つの皿にのっていて、先のとがったスプーンが一つだけ付いているのです。ところが、民間委託をしている学校では、それぞれ三つの皿に分かれている。スプーンもカレーとプリンでは分けています。これだけでも一目《いちもく》瞭然《りょうぜん》でした。

私は助役に、「（公務員がつくっている学校では）なぜ皿をもう一つ増やさないのですか？」と聞いたのです。すると助役は、「それはダメです。皿を一つ増やすのは労働組合との協議事項なのです」と。皿を一つ増やすのは、労働強化につながると言うのです。洗い物が増えるからというのです。

一方の民間委託の方は、毎月、保護者にアンケート調査を行っているのです。「お子さまは給食を美味《おい》しくいただいていますか？　何か改善点はありませんか？」と。そうでなければ、「次年度はおたくの会社に委託できません。保護者から不評が出ていますから」と言われれば、次から仕事がなくなるからです。保護者の人たちも、どちらが良いかはすぐ分かります。あの反対運動はいったい何だったのだろうというほど、民間委託に賛同するようになりました。私はひるまずに信念を貫いて良かったなとつくづく感じました。

◇松下幸之助の教えに立ち返る

私は区長として財政再建に取り組みながら、区民の方々にも自分でできることはやってもらうよう頼まないといけない立場にありました。

というのも、区役所には様々な手紙が来るのです。例えば、「隣の犬がうるさいから何とかしてくれ」「隣の家から木の葉っぱが落ちてきて、わが家の雨どいが詰まるから何とかしてくれ」「都道のいちょうの葉っぱが落ちているから掃除しろ」といった具合です。区役所は〝何でもやる課〟みたいな雰囲気なのです。

「犬がうるさいから」というので職員を一人派遣したら、一日に一万円ほど人件費としてかかります。そんなことをやっていたら、普通の会社だと破産してしまいます。要するに、区民の良識が上がらないと、税金が上がる一方だと思いました。何でもすべて区役所が対応してくれるとなれば、自分で出来ることも全部区役所にさせてしまう。それでは、税金がかかるばかりで財政再建など到底《とうてい》できるものではないと思いました。

そういうことでも、教育が大事だと感じました。良識を上げるためには教育です。立派な人間というのは、どういう人間なのか。それは一つは歴史から、一つは道徳から、その教育を子供の頃から行う必要があります。「向こう三軒両隣《りょうどなり》」というのが心の中に育《はぐく》まれていれば、道ばたの落ち葉くらい自分で掃《は》き掃除するようになるのではと思いました。

正直に言いますと、私は区長になるまで、松下幸之助が政経塾で教えてくださったことが役立ったということはありませんでした。都議会議員や衆議院議員を務めさせていただきましたが、忘れてしまっていたところもあるのです。ところが、区長に就任して杉並区の経営に携《たずさ》わると、「松下幸之助はどう考えるだろうか」とかつて松下政経塾時代に書いたノートを読み返し、暇《ひま》あるごとに松下幸之助の教えを学び直していました。それがとても役に立ったと感じています。

区長という仕事を通して、松下幸之助の経営哲学、考え方、政経塾の根本になったものを少しずつ理解し始めました。それまでは、松下幸之助の教えが「猫に小判」「豚に真珠《しんじゅ》」というほど何も役に立っていなかったと感じたのです。おそらく経営者になるというのは、それほど自覚が違うものだと思います。それは首長と議員であれば天と地ほどの意識の違いがあると私は思っています。往々にして議員というのはお金の使い道しか議論しません。しかし区長になって感じたのは、お金の使い道よりも、どこからそのお金をつくるかということでした。それが財政再建です。どこからお金をつくるかと考えた時に、初めて松下幸之助がよみがえってきたのです。

◇杉並区が提唱した「減税自治体構想」

そこで、松下政経塾で学んだことを区政に反映させようとしました。新しいことをやろうとしても、杉並区の財政は、歳出の九四％が固定費でした。どこからお金を生み出すかというと人件費なのです。六％しか残っていません。では、借金の返済を繰《く》り延《の》べしたら、今後だれもお金を貸してくれないようになりますから減らせません。扶助費は国が定めた基準を通さなければいけませんから、これも減らせません。そうすると、人件費しかないことは既《すで》に述べました。

人件費をいかに削るかという時に、松下幸之助が土光敏夫《どこうとしお》さんの行政改革を批評していたことを思い出したのです。私が政経塾に入塾した昭和五十六年は、ちょうど〝土光行革〟の真っただ中でした。世間は土光さんの改革を持ち上げていましたので、私は松下幸之助に「〝土光行革〟の評価はどうですか？」と尋ねたのです。すると松下幸之助の答えは意外でした。

「あれはアカン。マイナス五％のシーリング（歳出の増大を抑制する目的で示される概算要求額の上限枠）やろ。マイナス五％のカットでは志《こころざし》が低いな。五％カットしたくらいでは何も変わらへん。〝節約〟で終わるわ。節約に終われば、経済の〝回復〟には繋《つな》がらんのや。目標は大きく持った方が景気回復に繋がる。回復に繋がれば、働いている人の心が変わるんや。〝意識改革〟に繋がるような改革でなければ、改革ちゃうで。五％程度じゃアカン。ワシなら三割削減やな」

「三割削減なんて出来るんですか？」

「五年でやる、十年でやると決めるんや。期間はもう少し長くてもええ。目標を大きく持たないとな。三割も削減するんだったら、今までの課や係だとダメや。一人二役や三役ということになってくる。そういうことをやれば、自然に人の心は変わるんや。そうして大きな飛躍が生まれるんや」

　そう言って、カーラジオの話をされました。

　それは、松下電器が自動車メーカーのトヨタのカーラジオを納品している時のことです。急な円高で輸出品を安く仕上げないといけないことになって、松下電器が製造しているカーラジオの納入価格を三割削減しないといけなくなりました。それができないと、他社に振り替えるというわけです。それで松下幸之助が、研究開発部門の社員たちを集めてトヨタの要求を伝えました。すると、今でもギリギリでやっているのに、三割カットのカーラジオなんて出来ないというわけです。みんな下を向いてしまいました。その時に松下幸之助が言ったそうです。

「君、出来なかったら職を失うで。やらなアカン。カーラジオを分解せえ。全部ネジを列べて。これネジが八つあるやろ。これ三つにせえ。いっぱいあるつまみは一個にせえ」

そうして、今までの製品のコンセプトを根本から変えてしまうのです。それで本当に三割削減してもなお、製品として立派なものを造り上げたというのです。その話をしながら、「大きな目標を持つとそれまでの概念が一変してしまって、新たな飛躍が生まれる」ということを教えてくださいました。

そのことを思い出して、杉並区の行政改革では人件費の削減に思いをいたしました。それはいくら給料を下げても財政的には大したことではない。それよりは職員の数を減らすしかないと考えたのです。当時、四千人いる職員を十年間で三千人に減らそうと、千人削減の目標を立てました。しっかりした根拠があったわけではありません。目標は大きくわかりやすい方がいいと思って決めました。

当然、区議会では大ブーイングでした。出来るわけがない目標だと。私が区長に就任したのは平成十一年でしたが、その前の平成元年からの十年間、実際に行革の計画があったにもかかわらず、削減できた職員数は六十人でした。だから、山田区長の千人削減なんて無理だと言っていたのです。

それでも実際に行政改革をおこなって、結局、九年目で千人の削減に成功しました。職員が減った分は、仕事を民間に委託して、経費としては六割ぐらいの事業費で済みました。この千人の削減と民間委託の増加により、いろいろな調査機関では、杉並区のサービスは全国自治体のトップランキングに位置づけられるほどでした。行政改革により余裕が出た分をサービスの向上に回すわけですから良くなるに決まっています。この千人削減が大きな柱になったのですが、それは取りも直さず松下幸之助のおかげでした。

調べてみると、私が就任した時の杉並区の借金は、九四二億円でした。それが辞任する二十二年の時には、一八〇億円と五分の一以下になっていました。また、十九億円だった貯金は、二三〇億円にまで増えていました。あと二年もすれば借金はすべて返済できるという状況になりました。

実は私はその後のことも考え始めていました。松下幸之助が言うように、「目標がなくなると組織は弛緩《しかん》する」と思ったのです。それで、行政は今まで通り九割の歳入でおこない、残り一割を活用して、松下幸之助が提唱した「無税国家論」を自治体でやろうと考えました。

そこで研究者を集めて一年半かけてシミュレーションをした結果、これは可能性があると確信しました。それは、毎年一割の余剰金を積み立てていって、その積み立ての利子によって十年後の住民税を十%削減する。さらに積み立てていって、二十年後には十五%を削減、それを繰り返していくことで八十五年後には利子だけですべての住民税が賄《まかな》えるというものです。住民税がゼロになる。そこまでできなくとも、十年後の住民税十％の削減はできると考えたわけです。

ところが、多くの区民からは大反対でした。「私たちが納めた税金を、私たちのために使うのではなく、貯めるなんて反対だ。ただでさえ保育園が足りない、高齢者施設が足りない。そういうものにお金を回すのが筋《すじ》じゃないか」というわけです。私は、「ある分のお金を全部使っていったら、また同じ借金体質に戻りますよ。だから一割を貯めて、十年後に住民税を十％下げる方がどんなにいいか」と話したのです。でも、「十年後なんて我々には関係ない。この程度の住民税で一割削減されても何の意味もない」と言うわけです。

私は言いました。

「納税額が少ない人にとっては十％は大したことはないかも知れません。それよりも受けている恩恵《おんけい》が多いですから。しかし、十％の住民税削減が、その後、十五％、二十％と削減されていく区であるとなれば、お金持ちの人が杉並区に住むようになる。それだけ税金が安くなるわけですから。すると、田園調布や成城からも移り住んできます。『お金持ちが住むなら杉並区』となるのです。そうしたら減税してもかえって税収は増えます。増えた分の税収で、困っている方々のサービスも充実できるのです」

この「減税自治体構想」の考え方はもともと松下幸之助の構想でした。日本の国もそうあるべきだと思います。現在の政治は、一年間で集めたお金を一年間で使ってしまっている。もしくは、借金をして将来の子供たちにも払わせるようにしてしまっている。「アリとキリギリス」の寓話《ぐうわ》のキリギリスの生活をしている。「今さえ良ければいい、自分さえ良ければいい」――そういう考え方が蔓延《まんえん》しています。これが今の政治であり、こんなものは経営ではない。経営は時間軸でものごとを達成していくのだというわけです。

私が普通に議員生活を送っていたら、何期務めたところで、そんな発想は出て来なかったと思います。区長になって、お金をいかに生み出すかが仕事になった時、その松下幸之助の言葉が蘇《よみがえ》り、私自身の血肉になったと感じています。

◇「義を明らかにして利を計らず」

教育を重視していくことと、行革、財政再建は結びつきます。今まで役所がやっていたことを「自分たちでやります。みんなで考えましょう。工夫しましょう」となっていけば、税金は徐々に下がります。税金を下げなくても、浮いた分でもっと良いサービスができる。だから、教育と財政はつながっていると思うのです。

これは、山田方谷《ほうこく》の「理財論」にも書いてあります。山田方谷は備中松山藩の陽明学者で、幕末に唯一《ゆいいつ》、藩政改革に成功した財政家です。彼の「理財論」には、改革の根幹は何かというと「義《ぎ》を明《あき》らかにして利《り》を計《はか》らず」とあります。つまり、「正しい道（義）を民に明らかにしないで、利である飢餓《きが》を逃《のが》れようとする改革では成果は挙《あ》げられない。その場しのぎの飢餓対策をするのではなく、義を明らかにしていけば、おのずと道は開けてくる」というものです。

普通は何が得か損かを考えるのです。今までの財政改革では、会計を担当している役人がそろばん合わせのようなことをやって、支出をなるべく切り込み、収入を取れるところから細かく増やそうとする。しかし本当の財政再建は、人々に正しい生き方を問わないとだめだ。為政者《いせいしゃ》が本来やるべきことは、必要な国防を充実させ、教育で何が正しい道かを教えるべきだ。そうすれば必ず豊かになる、と説いたのが山田方谷なのです。

渋沢栄一《しぶさわえいいち》もまた、「片手にそろばん、片手に論語」と述べています。二宮尊徳《にのみやそんとく》もそうでした。やはり道徳心とか、生き方というものが改革のバックボーンにならないといけません。無駄《むだ》に使う百万円も、有効に使う百万円も同じ価値かというとそれは違います。一時的には同じ効果を生むかもしれませんけれども、その後の広がりが全く違ってきます。つまり、人間を教育しなければ本当の経済にならないということです。

私はそういった意味で、教育を重視してきました。大人の心の改革をしないと、財政再建にはならない。住みやすい杉並区にはならないと考えたのです。しかし大人を教育するのは難しい。だから、子供の頃から正しい教育をすることが大切なのです。そのためには、子供を教える先生が大事になってくるわけです。いくら教科書を立派にしても、それを教える先生がダメだったらどうしようもありません。特に、熱意ある高い人格をもった先生を養成することが大切だと私は感じているのです。

◇「杉並師範館《しはんかん》」を創設して教員養成を手がける

杉並区長になってすぐのことでした。

ある中学校の保護者たちが区長室にドッとやって来られました。そしてこう言うのです。

「うちの中学校の一年生の英語の先生は、一学期の間、一度も英語をしゃべらなかったのですよ！」

「そんな先生いるんですか？」

「じゃあ、うちの学校に来て確かめてください」

私はすぐに教育委員会に連絡をして確かめさせました。それが事実だということはすぐに分かりました。

「どうもそうらしいですね……」

「『そうらしい』はないでしょう。二学期から替えてください！」

それで私は教育委員会に話をしました。

「中学の一年と言ったら、最初に英語を習う生徒ばかりでしょう。先生はどうやって発音を教えているんですか？」

「テープです」

「それはダメでしょう。だったら替えてください」

「努力します」

教育委員会の「努力します」という言葉に、私は引っかかりました。けれども、「お願いします」と言ってその場を終えました。

そしたら二学期の終わりになって、またお母さんたちが詰めかけて来たのです。

「区長！　まだ英語の先生が替わりませんけど、一年間が終わってしまうじゃないですか！」

「えっ？　まだいるの？」

私はすぐに教育長を呼びました。

「何で替わってないの？」

「いえ、努力はしたんですけれど……。教員の人事はすべて都道府県の管轄《かんかつ》です。都の教育委員会では、途中で教員を交替させることはできないというのです。だから、一年終わるまで待ってください」

「待ってください？　それでは中学一年生の子供たちは、二年生になってしまうじゃないですか。それはダメですよ。都の教育委員会の都合じゃないですか」

東京都ではなんと〝お役所的〟なことをやっているのかと思いました。いくら「区立」という名前が付いた学校でも、教員の人事権は都道府県にあるから手が付けられないということが分かったのです。

もう一つ、国語の先生の話です。

渋谷区の中学校に素晴らしい国語の先生がいました。杉並区の教育委員会が、ぜひこの先生に杉並区で教えてもらいたいと思ったそうです。実は、その先生も杉並区で教えたいと要望していたのです。それで現在の赴任校が三年経っていて転勤が可能なので、杉並区への転勤を希望したそうです。区の教育委員会もOK、当の先生もOKというわけです。

そうして都の教育委員会に申し出たら、「良い先生を杉並に持っていくのはいいですけど、良い先生ばかりが杉並に集まってもらっては困ります。A～Fクラスの先生に分けるとして、Aクラスの先生を杉並に持っていくのであれば、Fクラスの先生も一緒に持っていってください」というようなことを言われたそうです。

これが〝お役所的〟な発想ですね。これでは、いくら一所懸命《いっしょけんめい》に良くしようと思っても良くなるものではないと感じました。Aクラスの先生と、Fクラスの先生を一緒に区に持っていくなんて。Fクラスの先生が担当することになる生徒はどうなるんですか。気の毒では済まされません。英語をしゃべらない英語の教員なんかいますか。そんな英会話教室や予備校は翌日には潰れてしまいます。それほどみんな懸命なのです。公務員だから「潰れない、給料が下がらない、クビにならない」という甘い考えを持っている人は、本当にどうしようもないと思いました。

これではいけないと思い、杉並区で独自の教員養成をする必要があると考えました。それでじっくり構想を練《ね》って、充分に準備しました。

それを実現したのは、二期目、区長になって六年が経ってからでした。「杉並師範館《しはんかん》」というものを立ち上げたのです。

普通、小学校や中学校の教員というのは、県費《けんぴ》職員と言って都道府県が人事権を担《にな》っています。それが、ちょうど国の規制緩和により、市区町村が人件費を負担するなら教員を採用しても構《かま》わないとなったのです。そこで、杉並区が独自の教員採用を行うことに踏み切りました。それで設立したのが「杉並師範館」です。

教員免許を持っている人を対象として全国に呼びかけ、入塾試験を行って一年間かけて区独自の教員養成をするのです。土日に開講して、師範館の研修に参加してもらいました。全国からユニークな職種の人が集まりました。中には、鹿児島県から消防士の方が来たり、会社勤めを十年間やっているような人も来ました。

これにより、杉並区の小学校が変わり始めました。師範館で教員として採用された人たちは、杉並区から異動することがありません。区の教員なのですから。ずっと杉並で骨を埋めようと思っている人たちだから、〝腰掛《こしか》け〟といった心がけは生じません。だから、長期的なプランで学校改革に臨むこともできるのです。みんな〝オーナーシップ〟を持っています。「自分の杉並区の学校を良くしよう」と、意欲に漲《みなぎ》っていました。

その杉並師範館からは毎年三十人ぐらいが区の小学校の教員になりました。区立小学校は四十四校ありますから、それぞれに配属されました。残念ながら、次の区長の代になって杉並師範館は止めてしまいました。が、卒塾生たちはいま中堅になって、杉並区の学校で熱意を失わず教育の先頭に立っています。

◇「新しい歴史教科書」を杉並区で採択

背筋の伸びた日本人を育てていくには、過去への感謝ができる人に育てることが大事なのですが、当時の日本の歴史教科書は非常に自虐《じぎゃく》的な記述が目立っていました。特に南京事件や慰安婦問題など歪《ゆが》められた歴史によって、日本のことを悪《あ》しざまに記述していたのです。

そんな中、検定教科書の採択方法が日教組の影響が根深い現場教師の意見を重視したものでなく、教育委員会によって公正に決められるようになったのは大きなことでした。これには、「新しい歴史教科書をつくる会」による教科書がつくられたことが大きな要因でした。

杉並区では、左翼的なメディアの相当な抵抗に遭《あ》いましたが、平成十七年八月、翌年から使用する区立中学校の歴史教科書として、この「新しい歴史教科書」を採択することになったのです。

教科書正常化のキーポイントは、教育委員会にありましたので、教科書採択までに相応の人を選定しておく必要がありました。どこの自治体も同じようですが、杉並区の教育委員の選任方法も、特定の団体からの推薦を受けて、区長が議会に提案をして承認を受ける形です。杉並区の場合は弁護士会や、退職校長会、教職経験者の集まり、教育委員会の職員経験者、ＰＴＡ保護者会というような教育関連の団体でした。

そこで、真っ当な考え方をもつ人を教育委員の候補者に入れておく必要があると思ったのです。一人は幼稚園の園長をしている人でした。この幼稚園では毎朝、国旗を掲げ、国歌を斉唱している幼稚園でした。その方とお話ししても、きちんとした歴史観を持っておられることが分かりました。また別の方は、ジャーナリストで、歴史観をしっかりと持たれていました。

教育委員の交代にあたっては、区議会に諮《はか》らないといけません。議会では、「山田区長は『つくる会』教科書の採択に向かっている」と、かなり質問攻めに遭《あ》いましたが、保守系議員の人たちの力も借りながら、何とか乗り切って教育委員の選任に結びつけました。

採択にあたっては、反対勢力が相当な反対運動を展開し、多くの交差点でビラ配りなどをしていました。ビラには「区長の暴走を許すな」「日本の軍国主義を美化する教科書を採択させるな」と書かれていて、それを配っているのはみんな年輩の人たちでした。昔の左翼学生運動の経験者たちが、一所懸命にやっていたようです。

一方で賛成派の人もいました。保守系議員の中にも熱心に賛成する人がいました。だから教科書採択の当日は、区役所の周りに一方で日の丸が掲げられ、一方で反対派のスローガンが掲げられているという騒然とした状況でした。

教科書採択ではかなりの左翼団体から猛烈な反対運動を受けましたが、結局、教育委員による採決で賛成三票、反対二票というギリギリの状況ではありましたが、全国の自治体にさきがけて「新しい歴史教科書」を採択することができました。

その採択の結果、翌年四月から杉並区の二十三の中学校で「新しい歴史教科書」

が使われることになりました。私はその四月にどれほどの混乱が起きるかと心配しておりました。そして、各中学校には警備員を配置して、暴力的な妨害、行動に対しても警戒していました。しかし、実際に四月になってみると、まったくそうした動きがないのです。反対派の人が校門でビラを配るということも皆無《かいむ》でした。本当にゼロなのです。何てことはありません。「子供たちのためにあんな教科書を使わせるな！」なんて叫びながら、実際に使用することになったら何も言わない。要するに、反対派は、自分たちの政治運動のために教科書採択を利用しているだけなのだと実感しました。後日、警察白書などでも杉並区の教科書採択問題を取り上げて、これは一部の極左暴力集団、中核派や共産党による政治運動だと断じていましたから、それが実態でした。

安保法制の時もＳＥＡＬＤｓといった組織が騒《さわ》いでいましたが、その後はプッツリと静まりかえっています。結局は、自分たちのために政治利用しているだけだと思います。

◇マッカーサーの「自衛」発言

今の政治家に大切なのは、わが国の歴史を正しく学ぶことです。特に、日本国憲法、そして先の大戦（日本では大東亜戦争、アメリカでは太平洋戦争）について、どういう認識を持つかということです。

既に述べたことですが、私が現行の憲法を授業で学んだ時、最初に驚いたのは、六法全書の日本国憲法の後ろに英文がついていたことでした。「日本国憲法というのはすごいな、英訳されているんだ。インターナショナルだな」と思ったのです。しかし本当は逆でした。もともと占領軍が作成したものだから英語が先で、日本語の方が後からできた〝訳文〟です。それを後になって知り、私はますます法律の勉強をするのが嫌になりました。

また、わが国の歴史を正しく学ぶということについては、「侵略戦争史観」から脱却することが必要です。それには敵国・米国の総大将（連合国軍最高司令官）

だったマッカーサーの証言はとても重要です。

杉並区長の時、「新しい歴史教科書」に関して共産党議員から、「山田区長はかつての日本の太平洋戦争をはじめ日中戦争を、〝侵略戦争〟と考えるのか、〝聖戦〟と考えるのか、どっちなんですか」という議会質問を受けました。

それで私は、「あなたは〝侵略戦争〟と言うけど、当時、〝侵略戦争〟の定義なんてありませんよ。〝聖戦〟とは何ですか。そういう定義もなく、日本だけが一方的に侵略戦争を行ったと決めつけるのは共産主義的史観と言うのですよ」と答えたのです。

すると、その野党区議が「山田区長のその発言は許せない！」と言うのです。議場の傍聴席にも反対派が大動員していて叫ぶのです。「区長やめろ！」「ファシスト山田！」と。うるさくて答弁することもできません。

だから私が、「ファシストっていうのは共産主義者のことだ。だったら、こっち（共産党議員の席の方を指して）に言え！」と言ったのです。そしたら、議長が「区長、不規則発言は止めてください」と言うのです。とんでもない、〝不規則発言〟をしているのは、傍聴席の人たちじゃないですか。私はただ質問に答えようとしているだけなのにです。

それで私は改めて答えました。

「あなたは〝侵略戦争〟と言うけれども、占領軍の最高司令官・マッカーサーがいるでしょう。そのマッカーサーは、解任された後の一九五一年の軍事外交の合同委員会で証言しています。マッカーサーが、アメリカの最も権威ある委員会において、戦後に発言した内容をあなたは知っていますか？　その内容は、日本の戦争は〝自衛〟のためだったと認めているのですよ。それなのに、あなたはなぜ〝侵略〟と決めつけるのか。戦った相手が、日本の戦争目的は〝自衛〟だと言っている。その部分を英語で言うから、よく聞いてください」

その間ずっと議場にはヤジが飛んでいましたが、私はマッカーサーの言葉を、その大事な一節を、英語で紹介し始めました。

――"Their purpose, therefore, in going to war was largely dictated by security."（したがって、日本人たちが戦争に飛び込んでいった目的は、大部分が安全保

障の必要に迫られてのことだったのです）

〝security〟とは安全保障、自分を守ることです。自分を守るために戦ったと、マッカーサーは言ったのです。

そうして野党議員に続けて言いました。

「あなたはこのことを知って発言されていますか？　私が言いたいのは、歴史にはいろんな考え方がある。敵の総大将だって〝自衛戦争〟と言っているのに、なぜあなたは〝侵略戦争〟と決めつけて言うのですか？」

マッカーサーの言葉を私が英語で言ったものだから、議場が急にシーンと静まりかえってしまいました。速記者の手も止まってしまった。議場の傍聴席も訳《わけ》が分からない感じで、静かになってしまいました。それっきり質問が出なくなったということがありました。

本来ならマッカーサーは「日本は侵略戦争を行った」と言うべき立場にあるのに、アメリカの最重要な委員会で、自らウソ偽《いつわ》りを言わないことを宣誓した上でこう証言をしたわけです。この重みをあなた方は分かるのですか、という意味で、マッカーサーの言葉を英語で紹介したのです。

そのことを渡部昇一先生が聞いて、「すごい。やっぱり大事な部分は英語で記憶しておくべきだね」と言ってくれました。渡部先生は講演でも、「山田区長がこうやって話したら、議場がしらっとなってしまったそうです。やっぱり原文の威力はすごいですね。相手を論破する力がある。だから、皆さんもこのフレーズだけでも英語で覚えておいたらいいですよ」と話しておられました。

◇正しい歴史認識をもつこと

私は歴史認識の論争には、正しい知識が重要だと思いました。そう感じたもう一つの経験があります。それは区長になる前、衆議院議員だった時のことです。中国への友好議員訪問団のようなものが組織され、末端の一議員として、中国を訪問したことがありました。そこで釣魚台《ちょうぎょだい》国賓館に招かれ、中国共産党の国際部長という女性が話をしたのです。要は、「日本は歴史を鑑《かが》みにしないといけない。日本は盧溝橋《ろこうきょう》事件を起こして中国への侵略を始め、中国人を殺戮《さつりく》し、甚《じん》大《だい》な被害を与えた。でも、それは日本の軍国主義が行ったことである。日本はその深い反省に立たないといけない」というような内容なのです。

あまりにも一方的で独断的な中国の歴史認識を言うものだから、私は黙っていられなくなり、「質問させていただいてよろしいでしょうか？」と手を挙げたのです。

「いま部長は、盧溝橋事件は日本軍による中国侵略のスタートになったと話されましたが、その盧溝橋事件は、中国側の発砲によって生じた事変です。日本側が起こしたものではありません。なぜ言えるかといいますと、日本に正式な外交文書が残っているからです。その発砲事件の三日か四日後に、中国の国民党軍と日本軍は協定を結び、中国側の秦徳純《シントクジュン》という地元地域の司令官が日本側に念書を書いているのです。『二度とこういうことを起こしません』と謝罪文を出しているのです。日本側がやったことなら、なぜ中国が謝らなければならないのですか。おかしいではないですか？　中国側が発砲したから始まった事変ですよ。日本が起こしたわけでもないのに、これを日本の侵略のスタートだと言うのはおかしいではないですか？　この辺《あた》りについて、あなたはどうお考えですか？」

そしたら、「その質問については後でお答えしましょう」と、突然、時間が長くかかりましたので、ここでコーヒーブレイクにしましょう」と、突然、対話が打ち切られました。再開したら何か答えてくれるだろうと思っていましたが、何十分たっても再開されません。そのうちに、中国側が「お腹《なか》がすきましたでしょう？　皆さん、夕食にしましょう」と晩餐《ばんさん》が始まりました。結局、その部長は晩餐の宴席《えんせき》には姿を見せましたが、私の質問については一切何も触れませんでした。

その際、日本の団長からは「友好に来ているのに、喧嘩を売ってどうするんだ！」なんて言われましたが、喧嘩を売っているのは相手です。おかしいものは「おかしい」、間違っているものは「間違っている」と、その場できちんと正すべきなのです。

中国は、実は秦徳純《シントクジュン》の謝罪文についても知ってはいるのだと思います。知っていながら、日本を自分たちのいいなりにさせるために、都合のいいように歴史を歪曲《わいきょく》して日本への「カード」として使っているのです。だから、外交文書などの事実を突きつければ、反論できないわけです。ウソで塗《ぬ》り固《かた》めて歴史を捏造《ねつぞう》している中国などを押さえ込むためには、事実を積み重ねた、正しい歴史観を持たなければならないと思います。

そういうことを避《さ》けて、相手の言い分や歪められた歴史観だけで妥協《だきょう》してつくったものが「河野談話《こうのだんわ》」であり、これまでの近隣諸国(とりわけ中国と韓国)への謝罪外交です。これは結局のところ〝事なかれ主義〟です。〝事なかれ主義〟で国益を損《そこ》ねてきたのが、これまでの日本の外交なのです。

私は区長時代の教科書採択を通して、野党議員が予算委員会になっても「区長の歴史認識」ばかりを質問していた中、きちんと事実を積み重ねていけば相手は反論できないという経験をしました。だから、事実に基づいた正しい歴史観というのは、本当に大切だと思っています。

教科書採択の時には、共産党議員はよほど「侵略戦争」と言いたかったのでしょう。ある予算委員会の時に、「侵略戦争という定義は当時ありました。その資料を見つけました」と言うのです。

「区長、○○条約というのを知っていますか？」（今ではどういう条約名だったか、失念しました）

「知りません」

「その条約の中に『侵略』の定義が書いてあります。これは一九四四年（昭和十九年）にできた条約です」

　何の条約だろうと思って、予算委員会の休憩時間に調べたのです。そしたら、ソ連が自分たちの衛星国と結んだ条約でした。それで委員会が再開されて、その共産党議員に言いました。

「こんなものはソ連の中だけの条約でしょう。これを国際条約とは言えませんよ。こういうものを持ち出してこないと、『侵略戦争』の定義が出てこないのですか？　日本やアメリカ、イギリス、ソ連など主要な国々が関わった条約とか、戦争当事者が関わったような条約でないと、定義なんて言えないでしょう。自分たちだけで勝手に決めておいて、これが〝国際的な定義だ〟なんて言えないでしよう?」

そう言ったら、この話もそれで終わってしまいました。

昨年十月、ユネスコにおいて、中国が申請した南京虐殺の「記憶遺産」を認めるということが起こりました。私は憤慨《ふんがい》の極《きわ》みという感をおぼえましたが、これからが大切だとも思います。なぜなら、中国が十一点でしたか、記憶遺産の登録申請のために国際舞台に資料を提出しているのです。しかし未《いま》だにユネスコはその資料を公表していません。すると、その資料というのは全世界に公表された資料となるはずです。ですから、わが国は堂々と国の予算を使って、中国が提出した資料の一つひとつを検証し、事実をもって論破していくことができます。国家予算をもって国家事業として行うことが必要なのです。そして、南京虐殺の資料というのは「反日プロパガンダ」のために利用されたものであり、虚偽や疑問点を多く含み、まともな資料など一つもないことを訴えていくことが大切です。「南京虐殺などなかった」というのは、日本の心ある研究者によって、すでに実証されているのですから。

それを、内閣府（外務省ではダメです。中国におもねって腰が引ける場合もありますから）のもとに「歴史検証チーム」をつくって世界に公表し、中国がいかにデタラメに歴史を歪曲させているかを明るみにするのです。そして、この「歴史検証チーム」による検証を「慰安婦問題」などあらゆる「歴史問題」で行い、国際社会にアピールする必要があります。

◇真の愛国者となる

どこの国でも同じことが言えますが、政治家というのは真の愛国者でなければいけません。そのことは政治家たる大前提です。

松下政経塾でも真の愛国者になることを教えていました。それは「塾是《じゅくぜ》」に「真に国家と国民を愛し、新しい人間観に基づく政治・経営の理念を探求し、人類の繁栄幸福と世界の平和に貢献しよう」と掲げられているのです。これは松下幸之助がつくったものですが、最初のフレーズは「真に国家と国民を愛し」であり、松下幸之助はとりわけそこに思いを込めたのだと思います。政治家をみていて、「ここが足らんのとちゃうか」と感じたと思うのです。

真に国家と国民を愛するためには、日本という国をよく知っていないといけないと思います。それは知識としてだけではなく、わが国の歴史や文化伝統を通して、日本の「国柄《くにがら》」というものを自らの心柱《しんばしら》としてきちんと持っているということです。政治家というのは、すべからくその心柱《しんばしら》を持っておかなくてはいけません。しかし、多くの政治家は、日本の歴史そのものについての知識が希薄《きはく》で、日本を日本たらしめているものへの探求心が希薄なのです。

とりわけ、日本が抱えている歴史問題です。これは歴史というより、むしろ「今日問題」です。政治家は日本を貶《おとし》めてきた戦後教育から目覚め、きちんと日本を学び直すことから、「真に国家と国民を愛し」という精神が育まれてくると思うのです。それが失われていることに、松下幸之助が大きな歎《なげ》きを抱いていたと思われてなりません。

日本の国柄《くにがら》というのは、神代《かみよ》から続いている民族としての在《あ》り方《かた》です。それがなくなってしまうと、日本が日本でなくなります。それがぼやけてしまうと、日本の国の大事なものを守ろうといっても、何を守っていいのかが分からなくなってしまうのです。

私は、それをご皇室だと思っています。そして、そのご皇室に現れた国体が、神道《しんとう》や日本語という日本人ならではの精神、文化、文明というものを形づくってきたのだと思っています。

かつて、アーノルド・トインビーやサミュエル・ハンチントンが言ったように、世界の中で特異な文明を形成している日本。世界にはさまざまな文明がありますけれども、一国一文明を形成してきたというのは日本だけです。他の文明の場合は、さまざまな国や地域の影響を受けながら、複数の国や地域で築かれています。しかし、日本だけは日本の国を維持することが日本の文明を維持することにつながるという、国家イコール文明という特殊性をもっています。

そうしたことも理解しながら、政治家は日本の国柄《くにがら》を守るために尽力していかなければならない、私はそう信じています。

第五章　政治家としての私の務め

◇安倍政権下での私の使命

安倍晋三首相とは実は国会での同期で、平成五年に共に初当選しました。当時はあまりよく知りませんでしたが、だんだん関係が深まってまいりました。最も深まったのは、平成十九年までの第一次安倍内閣の後しばらくして民主党政権になりましたが、その自民党が下野していた時でした。お互いに考えが近いこともあり、「このまま民主党政権が続くと日本が滅びるぞ」という危機感から勉強会をするようになったのです。

そんな時に、安倍さんが必ず連れてこられていたのが、政治面の話のときには菅義偉《すがよしひで》さん(内閣官房長官)、政策面の話のときには加藤勝信さん(内閣府特命担当大臣)でした。安倍さんは、体調不良によって内閣を解散せざるを得なくなったこと、そして民主党政権を生み出してしまったことに、かなり自責の念を感じておられたと思います。その思いから、使命感をもって自民党総裁選に再出馬され、誰もが予想しなかった安倍総裁の誕生ということになっていくわけです。第二次安倍内閣の安倍首相を見ていますと、見違えるように宰相《さいしょう》らしくなられたと感じます。そこには、不遇の時代を通して培《つちか》われた「覚悟」というものが感じられます。

政治家というのは、やはり「覚悟」が大切だと実感しました。私の区長時代もそうでしたけれど、良い意味での〝開き直り〟みたいなものです。そういう姿勢は石原慎太郎さんや橋下徹さんを見ていても感じます。思慮を深く重ねつつ、最後は「いつ倒れてもいい」というような鬼気迫《ききせま》るものです。本当はそういう「覚悟」がないと、政治を前に進めることはできません。改革なんてできません。今の安倍首相には、日本の国を牽引《けんいん》していくリーダーとしての「覚悟」を感じています。

これから安倍政権では、経済を一層強くしないといけないという課題もありますが、最大の成《な》すべきことは戦後レジームからの脱却《だっきゃく》、それは戦後政治の総決算ともいうべきものだと思っています。その象徴《しょうちょう》が憲法改正です。

私は政治家として安倍首相を支えていきたいし、志《こころざし》が同じだということで、安倍首相も私に「自分のこれからやる仕事を手伝ってほしい」と声をかけてもらっています。私は、安倍さんが抱《いだ》いている使命感を、安倍さんだけで終わらせるのではなく、次の世代にも引き継がれていくよう人材の養成に努めることが、私の政治家としての仕事でもあると思っているのです。

◇子育てへの国民の意識改善を

わが国の少子高齢化という構造的な問題がある中、安倍首相は「希望を生み出す強い経済」「夢をつむぐ子育て支援」「安心につながる社会保障」の実現を目指す「一億総活躍社会」を提言されています。その一貫としてなのでしょうが、その政策を狭く捉《とら》え、昨今では子供を預ける施設の充実ばかりが取《と》り沙汰《ざた》されています。しかし私は、〝家庭で子供を育てる〟ことも国民にとっては最大の〝活躍〟の一つだということも言わないといけないと思っています。

いま共働きの家庭は全体の二割です。残りの八割は専業かパート家庭です。だから、子供を増やすことを考えれば、その八割の人たちが子供を二人、三人産んでも育てられる環境を整えていくこともより大切だと思っています。あるアンケート調査によれば、「子供を何人まで欲しいか？」という質問で最も多いのは三人だそうです。しかし実際の統計では一・七人ほどです。子供を欲しい人が産み育てていける社会環境を整えていくことを考えるのは、少子化対策には大切だと思うのです。そのためにも、子育ては「辛くて、苦しくて、大変」というのではなく、「たくさんの喜びがある」という意識を喚起《かんき》することが必要です。資金面だけの支援ではありません。「子供を授かって嬉《うれ》しい」という空気を国内に醸《かも》し出《だ》していく社会を構築していかなければと思います。

また、母体保護法によって親の都合だけで数多くの堕胎《だたい》が行われている問題もあります。母体保護という視点だけではなく、〝胎児保護《たいじ》〟ということこそ本当に大切なのです。もとより拠《よ》ん所《どころ》ない事情で堕胎せざるを得ないケースがあることも承知していますが、それよりむしろ、親の身勝手な都合で堕胎されている胎児の数は膨大《ぼうだい》だと思うのです。基本的に堕胎《だたい》は禁止だ、という国民の意識をつくりだすことは必要です。胎児も立派な子供であり、尊い生命《いのち》です。その胎児の生命を大切にしないで、「子供を増やそう」「いのちを大事にしよう」と言っても、それはご都合主義的なスローガンにしか聞こえません。

保育園での問題もあります。いま子供を朝早くから夜遅くまで預けて、朝・昼・晩と三食を保育園で食べている子供も増加しています。

私個人としては、少なくとも三歳まではできるだけ親の下でしっかり育てることが大切だと思っています。おっぱいをあげ、充分に抱っこしてあげながら、愛情いっぱいに育てることがとても重要だと思うのです。妊娠・出産を機に育児休暇をとり易くして、その期間までは子育てに専念したとしても、その方が希望したら職場に復帰することが可能な制度をきちんとつくる必要があります。保育園も〝親のため〟だけの保育園ではなく、〝子供のため〟の保育園という視点が必要と思います。

子供がほしい人は、ほしいだけ産み育てられる国へ思いきって舵《かじ》を切る必要があります。

例えば、ゼロ歳児、さらに言えば妊娠してから義務教育が終わる十五歳までは、保育費、医療費、教育費などの一切を国が負担するということも検討すべきです。所得が高い人や、特別な費用とかは除いたとしてもです。

また、一人目、二人目には百万円、三人目には三百万円と、子供が生まれるごとに国から出産お祝い金を出すということだって考えてよいと思います。

さらに、いまは晩婚の時代だから、どうしても子供を生む年齢が遅くなったりしています。就職事情の厳しさから将来への不安を抱き、なかなか結婚、子育てができないという人もいます。ですから、三十歳までに子供を生んだ親に対しての補助制度を整備するなどし、国全体で子供が生まれてくることを祝福し、手助けしていくような支援を考えなければならないと思います。

◇夫婦別姓が家庭を崩壊《ほうかい》させる

子育てに関しては、夫婦別姓の問題もあります。
夫婦別姓の考え方では、山田と田中が結婚して夫婦別姓をとった場合、子供の名字は夫婦間で決めるというわけです。そうなると、親子三代が同居した場合、おじいさんと、お父さんと、子供がみな違う名前になることだってあり得るわけです。すると、先祖の話がしにくくなって、先祖の記憶がだんだん薄れていきます。お墓の問題にもつながります。自分の〝根っこ〟である先祖を大切にするという話を前章でしましたけれど、そうした意識が希薄《きはく》になるという大きな問題が夫婦別姓にはあるのです。

名字が違うことで、家族の気持ちがバラバラになり、家庭が崩壊《ほうかい》することにつながるのです。結婚すると名字が変わって、その手続きが多岐《たき》にわたり、しかも煩雑《はんざつ》だという声があって、それが夫婦別姓を推《お》し進《すす》める材料になったりもしています。しかし、そういう課題に対してはいくらでも簡易にできる方法が考えられるわけです。別姓が良いという人には、旧姓の通称使用を認めることだってできるのです。

世論調査をみても、夫婦別姓には多くの人が反対しているし、しかも「あなたが選択制になったら別姓を名乗りますか？」という質問には、ほとんどの女性が「夫の姓に変えます」と答えています。夫婦別姓を希望しているのは、ほんの一部の人だけなのですから、そのために夫婦別姓を制度化までする必要はないと思います。制度化によって家族が崩壊していくことの方が、よほど家族、国にとっては重大事です。

そもそも中国や韓国では夫婦別姓をとっていますが、これは儒教が大きく関係しています。それは女性蔑視《べっし》が根底にあると評論家の金美齢《きんびれい》さんから聞いたことがあります。「女性は不純だから男の家に入れない」という考え方です。日本は、大本《おおもと》の祖先である天照大御神《あまてらすおおみかみ》が女性の神であり、また古来から男性を「日子《ひこ》」、女性を「日女《ひめ》」と呼んできたように女性を蔑視するという心がそもそもないのです。

男性が外で働き、女性が家庭を守り子育てをするというのは、女性蔑視の考え方ではありません。それぞれの役割の違いでしかない。社会で働くこと、仕事をすることが尊くて、家事や子育てがそうでないと考えている人の方が問題なのです。家事や子育ては重要な役割であり、「一億総活躍」の中での最も大切な「活躍」の一つなのです。

◇〝国士《こくし》〟末次一郎先生のこと

国の安全を守るということは政治家として大切な務めですが、その点で私が影響を受けた人に末次一郎先生という方がいます。

前にも言いましたように、私はもともと政治家を志望して松下政経塾に入ったわけではありませんでした。政治家のコネなどもありませんでした。そこで松下政経塾に合格してから、高坂正堯《こうさかまさたか》先生に「どなたか東京でよい政治家を紹介してください」とお願いしたのです。高坂先生は吉田茂首相の時から自民党のブレーンでしたから、いろいろ政治家の知り合いが多いだろうと思ったからです。

ところが、高坂先生は「紹介できる人がいない、今の政治家は劣化している」というのです。それで、「政治家ではないが、この人を頼りなさい」と言って紹介状を渡されたのが、末次一郎という人でした。どんな人かを尋ねると、高坂先生は、「沖縄返還の時にずっとご一緒した方でなかなかの人物だ。無位無官だけれど、いわば〝国士《こくし》〟と呼んでもいい人だ」というのです。

そこで、上京して永田町にあった古ぼけた一軒家の末次事務所を訪れたのです。第一印象は、まじめで厳しそうな人だという感じでした。

末次先生のすごいところは、何と言ってもその情報量と分析能力です。国際情勢の分析、国内政治の分析は、非常に的確でした。

もともと陸軍中野学校出身で情報将校として育てられ、終戦後はB級戦犯に指定され、北海道にまで逃げてアイヌ部落にも潜伏《せんぷく》していたそうです。朝鮮戦争が始まってから戦犯解除になり、東京に戻ってきたけれど、戦友はみな亡くなってしまっている。自分の使命は、生きながらえた命をかけて戦後復興に取り組むことだと決意され、まず海外抑留者の引揚《ひきあげ》支援運動を全国的に展開されます。引揚者の就職や家族捜《さが》しの世話をするわけです。その後は、日本の戦後復興ということで、小笠原返還、沖縄返還、北方領土返還と領土問題に携《たずさ》わられていくのです。

そうした中、多くの政治家が末次先生の下から育っていきました。のちに首相を務められた竹下登さん、小渕恵三さんなどもその一人です。

末次先生の取り組み方は独特で、領土返還のためにはその国のどの機関に決定権があり、その中の誰が影響力を持っているのかをまず徹底的に調査するのです。そして、その人に直接会いに行って自らの考えを滔々《とうとう》と語り、その国にとっても国益につながると、繰り返し、粘《ねば》り強く訴えていくのです。相手は最初のうちは「末次一郎とはどういう日本人だ」と思っているわけですが、次第に彼の姿勢、誠意、能力に尊敬の念を抱くようになるのです。その積み重ねによって、小笠原返還、沖縄返還とつながっていくのです。

北方領土問題でも、私も一度、末次先生にお伴してソ連に渡ったことがあります。空港には当時のソ連の外務省の課長（後の外務大臣）が出迎えに来るくらいの待遇で、ソ連のシンクタンクの所長と情報交換をしたり、どうやったら返還がスムーズにできるのかということを議論するのです。こんなことのできる外交官は日本にはいませんでした。しかも末次先生は誰に頼まれたわけでもなく、自らの志で領土交渉をしているのでした。主権の問題は絶対に譲《ゆず》ってはならない、百年かけても千年かけてもやり抜くという精神でした。

そんな末次先生のもとには、当時の日本の首相も外務大臣も、野党のリーダーも末次勉強会に来られるほどでした。新樹会《しんじゅかい》という集まりで、二泊三日間の地方議員を集めた会合でも当時の中曽根康弘首相も参加されたりもしました。何の地位もない、無位無官なのに、末次先生は本当にすごい人だなと感心していました。

また、名誉やお金というものには恬淡《てんたん》としていて、ご自身が政治家になるわけでもなく、自宅は借家で素朴《そぼく》なご家庭でした。末次先生が叙勲《じょくん》の対象になったりしても一切お断りになっていました。一方で、各役所基準の叙勲対象者にはならないような本当に国のために尽くした市井《しせい》の方のリストをあげて、末次先生は

「自分への勲章《くんしょう》はいらないから、こういう人こそ選んでくれ」と紹介する人でした。

末次先生が行ったのは領土返還だけに止《とど》まらず、青年海外協力隊も先生が推進されたプロジェクトでした。オリンピックセンター、青少年センターなども末次先生の発案です。

「地位も名誉もいらぬ」という、西郷隆盛の言葉のような偉大な方でした。こういった〝国士〟とも呼ばれるような人物は、戦後、本当にいなくなってしまいました。私にとっては松下幸之助と共に、たいへん影響を受けた方です。その謦咳《けいがい》に接することができたことは、今の私にとって大きな財産になっています。

◇領土問題に見られる〝国益〟の喪失

北方領土については、末次先生は「今は日本に返ってこない」と分かっていました。それはソ連が窮地に陥《おちい》らないと交渉にはならない、時間がかかることだと言っていました。しかし、必ず北方領土返還はできると信じていました。

私は今後、北方領土が返還されるチャンスは来ると思っています。安倍首相も相当意欲を燃やして、我慢《がまん》しながらタイミングを図っていると思います。

四島一括返還が理想ではありますけれども、「四島の主権は日本」という旗は掲げながら、まず二島を返還させ、引き続き、残りの二島返還の交渉を行ってもいいと私は思っています。大事なことは、二島先行の場合、「日本は永久に残りの二島を放棄した」と捉えられてしまわないよう「四島への主権」の主張は、続けなければなりません。政府高官が北方領土面積二等分論に言及したりしましたが、そうすると「日本は主権を放棄する可能性がある」と相手国に思わせてしまうのです。それが一番の問題です。

国家が「主権を守る」という旗を降ろしたと受け取られると、在外邦人の命さえ取引材料にされてしまいかねません。テロリストの格好《かっこう》の餌食《えじき》になってしまうのです。私は国家主権の主張については、一ミリたりとも譲ってはならないと思います。

竹島は韓国に強奪《ごうだつ》されてしまいましたが、歴史の事実は力で奪われたものは力で奪い返さない限り、取り戻すことはなかなかできないことを示しています。平時である今は、基本的に国際司法裁判所に提訴するなど手段は限られますが、とにかく国際社会には日本の主権の主張を発信し続けることです。

残念ながら、日本の外務省は領土問題に関して、どこの国の外務省なのか分からない状態です。相手国の意向を汲《く》み取《と》って平和的になんていうのは、領土という主権問題ではあり得ません。そういう外務省の体質をもたらしたのは、日本の戦後の外交戦略、守るべき価値というものを政治がはっきり打ち出さなかったからです。

もう一つは憲法九条の問題です。わが国に対する不法不当な侵害に対しても戦力を行使できない憲法になっています。何でも話し合いで解決しましょうと。結局、国益のために尽力したからと言って最後に守ってくれる政治家がいないとなれば、自分の任期の間は波風《なみかぜ》が立たないようにしておこうと妥協《だきょう》してしまいます。これに要するに保身です。保身の外務省になってしまいます。

これは外務省も悪いけれど、「断固引かずに国益を守る、後は自分が責任を取る」という政治家がいないからです。そういう方針がなく「何とかうまくやれ」と言うものだから、外務省の職員だって公務員で家族もいますから、優秀な外交官が出たとしても勇気をもって国益のために働くということができにくくなるのです。やはり、外務省をダメにしているのは、憲法と政治の責任だと思います。

色々な国との友好議員連盟と称するものも同じです。日中友好議員連盟、日韓友好議員連盟と言っても、要は相手国の立場を理解してあげて日本が妥協する、そのための議員連盟になっているかのようなものも多いです。

平成二十六年、産経新聞の加藤達也・ソウル支局長が、韓国のフェリー・セウォル号の転覆《てんぷく》事故の当日の朴槿恵《パククネ》大統領の「空白の時間」に関して朝鮮日報の報道をもとにコラムを掲載したところ、韓国大統領府などが「名誉毀損《きそん》にあたる」として出国禁止処分にした事件がありました。韓国は国際社会の批難を浴びながらも、五百日も加藤支局長を韓国国内に留め置き、昨年十二月に無罪が確定するまで日本に帰さなかったのです。

その間、日韓友好議連の会合が開かれました。日本側からは自民党など何人もの議員が出席していましたが、そこで発表された合意文書には、日本における外国人の地方参政権の早期実現だとか、ヘイトスピーチの規制だとか、平昌《ピョンチャン》オリンピックや東京オリンピックの成功に協力するなどというもので、「慰安婦」の「い」の字も、「加藤支局長」の「か」の字も出てきませんでした。どうして、こういう大問題について合意文書で一切触れないのか。私は非常に腹立たしく憤慨《ふんがい》しました。このように国益を実現できないような議員たちなのですから、外務省もそうなります。波風立てずに、相手側の立場に立って友好を行う、そんな外交になってしまうのです。

尖閣《せんかく》諸島も、中国の公船が毎日のように侵犯をしている状況です。竹島を失い、尖閣諸島を失い兼ねない状況というのは、わが国の政治の根幹にきちんとした国家としての背骨が立っていないことが問題なのです。

◇他国依存の淵源《えんげん》は現行憲法にあり

拉致《らち》問題も、領土問題と同様に、波風立てずに平和的にという姿勢では単なる〝事なかれ主義〟でしかありません。拉致も、領土を奪われたと同じで、北朝鮮という国家権力が日本国民を強制的に誘拐《ゆうかい》・強奪したという完全なる主権侵害の侵略行為です。侵略行為であれば、それに即応した体制が取られなければならないのです。最終的には武力をもってしてでも取り戻すという気概《きがい》が、国家には必要です。

「戦争は嫌だ、交戦権は認めない、何人か拉致されたくらいで戦争なんて勘弁《かんべん》してよ」という姿勢だから、北朝鮮から足元を見られるのです。テロリスト・誘拐犯に身代金《みのしろきん》を要求されるような事態に陥るのです。アメリカであれば、特殊部隊を投入してでも自国民を取り戻します。それが普通の国家です。

正義のために立ち上がる、不当不正な要求や行為に対しては、断固として命を懸《か》けてそれを排除する。そんな気概が国の根幹にないとダメなのです。

そもそも、戦後日本人の〝他人まかせ〟の風潮が問題なのです。杉並区でいうと、「犬が吠《ほ》えているから何とかしろ」という要求から始まって行政に要求できるものは何でも要求する、政治家もそんな有権者に媚《こ》びを売る。こういう依存関係は、日本のいたるところに見受けられます。企業でも「国に何とかしてくれ」「景気対策をしてくれ」と。

それが国家にいたっては、拉致問題や領土問題にしても、アメリカが何とかしてくれるのでは、国連が何とかしてくれるのでは、という甘えの構造が蔓延《まんえん》しているのです。

それはつまるところ憲法九条や前文の精神に根源があると思います。九条と前文そのものが、国家にとって最も大切な生存権を他国に委《ゆだ》ねているわけですから。自分の命を自分で守るのは当たり前なのに、自分の命を他人に守ってもらいますというのが国の基本になっていれば、国民全体が依存心の塊《かたまり》になるのは無理もありません。

地域社会や国家の中枢《ちゅうすう》にいたるまで、甘え合い、もたれ合い、依存心の蔓延というのは、そもそも自分の国の生存を他国に委ねようとする憲法に問題があると思うのです。

自分の家に強盗が入ってきて妻子を人質にとり、「金を出せ。妻子の命はないぞ！」と脅《おど》された時に、「わが家は家法で戦わないことになっているので、話し合いましょう」なんて言えますか。「いや、ちょっと待ってくれ。隣のお父さんを呼んでくるから」なんてことを言えば、その家庭はすぐに崩壊です。

それが現行の憲法なのです。これは国民の手でしっかり変えていかなければいけないのです。

◇会津における誇りの教育

私の先祖は長州・山口県出身です。父の代までは岩国に住んでいましたが、私は東京で生まれました。

私が東京都議会議員を務めていた時です。三十一歳頃でしたが、議員の視察があって会津若松市を訪ねたことがありました。その時に夜、食事会を市内でしたのですが、ある料理屋さんで私が山口県出身だという話をしたら、その場がいっきに凍りついてしまったことがあったのです。それっきり場の会話が弾まなくなって、逃げ出すようにお店を出ました。会津藩は戊辰《ぼしん》の役《えき》で長州藩・薩摩藩と戦ったことがあり、そのことが原因だと理解しました。

私はあまりにショックで翌日、会津若松市の教育委員会に行って戊辰《ぼしん》の役《えき》を会津ではどのように教えてきたのか調べました。会津藩の人たちは明治になって、津軽半島や北海道に移住させられたりで大変苦労をしたのです。しかし会津の教育は、会津武士こそ徳川家に最後まで忠義を尽くした。会津は武士道の鑑《かがみ》だと教えたのです。時に利《り》あらずして会津は戊辰の役で敗《やぶ》れたけれど、会津こそ武士道を貫いた藩であると子供たちに教えるわけです。戊辰の役も、当時は「東西の役」という言葉を使い、明治政府や薩長が使った「戊辰の役」という言葉を使用しないのです。これが会津のプライドだったわけです。

要するに、戦《いくさ》の勝ち負けは、正義の所在とは別であるというのです。「我々は正義を貫いたけれども、時に利あらずして戦いには敗れた」と。これは、歴史を見ても公平な見方だと私は思います。勝った者がすべて正義ではありません。正義を貫いたために負けたところもあります。

そのことを知り、私は日本の戦後の在り方と、戊辰の役後の会津藩の姿とでは、なんと差があるだろうと思ったのでした。

日本は「大東亜戦争」を戦ったのに、敗戦後、アメリカが使っていた「太平洋戦争」と名称をすり替え、「日本は戦争で悪いことをした」「日本は侵略戦争を行った」と、一方的に自国を貶《おとし》める内容を、教科書で教えたり、メディアで報じたりすることを繰り返してきました。会津の敗戦後の姿勢とは比べものになりません。

会津は敗れてもその後、立派な人物を輩出してきました。柴《しば》五郎という陸軍中佐は、明治三十三年、義和団の乱において清国の暴徒が各国の大使館を襲《おそ》った際、各国の在外公館を守り避難民を受け入れ、世界から絶賛された人です。この方も会津出身です。また野口英世も有名です。

やはり会津の教育が、戦いには敗れたけれども卑屈《ひくつ》にならず、先人《せんじん》を誇りとする教育を行ったことが立派な日本人を輩出することにつながったのだと思います。

◇戦後の評価すべき政治家

戦後の政治家において、私が評価しているのは吉田茂首相と岸信介首相です。

吉田首相は静岡県伊豆山にある、松井石根《いわね》・陸軍大将が建立した興亜観音に「殉国七士之碑」と揮毫《きごう》しています。これは、極東国際軍事裁判(東京裁判)でいわゆる〝A級戦犯〟として絞首刑になった七人の烈士を祀《まつ》り、〝国に殉《じゅん》じた人〟として顕彰《けんしょう》して揮毫されたものです。当時の日本人にとってはそれが普通の感覚だったと思いますが、いまは「国を過《あやま》らせた犯罪者」のように考えている人ばかりです。吉田首相もまた、「国に殉じた烈士」という心情だったのです。

ただ吉田首相は、まず経済的に日本を建て直そうとした面は良かったと思いますが、外務省出身ということもあり、日本の軍部だけを悪く仕立てようとしたと言われかねない行動もとりました。

その一つは、駐米大使館の参事官たちの戦後の処遇の問題です。大東亜戦争の開戦直前、駐米日本大使館が「最後通牒《さいごつうちょう》」の手交《しゅこう》を遅れさせるという大失態のため、アメリカからスネーク・アタック（騙《だま》し討《う》ち）と言われてしまいました。要は、駐米大使館で送別会をやっていて、重要な電文の翻訳《ほんやく》および浄書を担当していた井口貞夫、奥村勝蔵の両大使館員の重大責任問題でした。しかし戦後、吉田首相は両人とも外務省の外務事務次官にまで引き上げ、井口氏には勲章まで授与してしまいました。

岸首相については、冷戦構造のなか最も難しい日米安全保障条約の改定を行うことができたことです。国内の異常事態にもかかわらず、信念を貫いたことは本当に立派だったと感じます。

戦後の日本国の政治家をみてみると、この二人だろうと思います。

◇平和を守るということは

戦後七十年を経て、さまざまな問題が起きてくる中で、日本人も少しずつ〝正気《しょうき》〟を取り戻してきました。

そのきっかけになったのは、北朝鮮による拉致《らち》事件だったと思います。横田めぐみさんをはじめ多くの日本人を拉致するという、北朝鮮による国家犯罪です。それに対して、わが国は決定的な手を打つことができないで未《いま》だに多くの拉致被害者が戻ってきていないわけです。

さらに「慰安婦問題」です。多くの歴史資料によって、〝従軍慰安婦〟なるものはウソであることがはっきり分かってきました。また、中国による尖閣諸島やスプラトリー諸島（中国名・南沙《なんさ》諸島）への侵略、大規模な軍拡なども日本人が正気を取り戻すきっかけとなりました。

戦後、日本が自らの国を貶《おとし》め、日本が軍備さえ持たなければ世界は平和だと言ってきた戦後教育がいかにおかしなものであるかということに、日本人はだんだん気付いてきました。こういう時にこそ、戦後の間違った思想教育をもう一度、事実に即して見直し変えていく必要があると思います。

日本を貶《おとし》めようという左翼思想の人たちは、〝潰《つぶ》れない〟組織に蔓延《はびこ》るのです。それは役所であったり、公立学校であったり、マスメディアだったりです。もし潰れる企業であれば、変な思想に偏《かたよ》っているとすぐに風評が出て潰れてしまいます。だから左翼勢力は、ＮＨＫや朝日新聞などのマスメディア、日教組などの教員組織や、弁護士会などを足場に自虐《じぎゃく》的な日本を守ろうと躍起《やっき》になっています。

しかし、そうしたことに少しずつまともな日本人は目覚めてきていると思います。

昨年（平成二十七年）九月、「平和安全法制」（安全保障関連法）が成立しましたが、その中で一部のメディア等が反対運動を展開しました。世界の眼から見ると、非常に特異な反対運動だったのではないでしょうか。

安全保障というのは理念ではなく現実対処です。作家の塩野七生《ななみ》さんが言っていましたが、「平和は祈ることで維持されるものではない。平和は、それを乱そうとする者がいたら、ただでおかないということをはっきり厳命し、行動に移してこそ初めて維持されるものである」と。

これはどこの国でも同じだと思います。平和を乱すものがいたら許さない、それは言葉だけでなく行動でも示すことによって、初めて平和は維持されるのです。

祈るだけで平和が維持されるなら、日本国憲法第九条をどこの国でも採用するはずです。しかしどの国も採用しない。ナンセンスだからです。

「ノーベル賞を憲法九条を維持してきた日本国民に」というのも不思議な議論です。ノーベル賞は、発明した人に渡されるものだから、憲法九条を発明したのはマッカーサーだから、マッカーサーの墓に捧げるべきです。

九条の一番の問題は、第二項です。いっさいの交戦権を認めていない。殴られても黙っていろということです。これでは不法・不当な相手から足元を見られるのは当然です。普通に考えたら誰でも分かることなのです。

◇憲法と皇室典範《こうしつてんぱん》の改正に心血を注ぎたい

憲法改正は、今の日本の政治家としては絶対に外せないテーマです。安倍首相は「憲法改正」を自身の政治目標に掲げていますが、これはどんなに厳しくてもやり遂《と》げないといけません。特に、前文と九条は大きな問題を抱えています。

さらに憲法改正とともに、もう一方で行うべきは「皇室典範《こうしつてんぱん》」の改正だと私は思っています。

日本は、天皇陛下がただただ世界の平和と国家の安泰《あんたい》、そして国民の幸せを祈られるというお姿の下、国民はその大御心《おおみこころ》をお手本として生きてきた国です。日本人は古来から、ご皇室の姿が私たちの〝憲法〟であったとも言えるのです。古くはご皇室が行われていることを将軍が見本とし、将軍が行っていることを大名が見本とし、大名が行っていることを家老が、家老が行っていることを家来が、家来が行っていることを諸氏が見本として行うことで、わが国の姿が培われてきた面もあると思います。

天皇陛下は、どの時代にもずっと国民のために祈りをされてこられました。国民の幸せ、国家の安寧《あんねい》、世界の平和をずっと祈られ続けてこられたのが天皇という存在で、私たち日本人はそのお姿を陰に陽に手本としてきたわけです。

だから日本という国は、ご皇室が絶えたら日本ではなくなります。ご皇室が絶えるとは、つまり皇胤《こういん》が絶えるということであり、神武《じんむ》天皇以来守られてきた男系が絶えるということです。女系も認めようという動きは、悠仁《ひさひと》殿下のご誕生で、一旦なりを潜《ひそ》めていますが、このままでは男系の皇位継承が維持できなくなる可能性があるのは確かです。その問題を何とか解決しておかなければいけません。戦後、アメリカの占領軍はご皇室を弱体化させるために、十一あった宮家を皇族から離脱せしめました。その旧宮家をできるだけ復活させることで、ご皇室はずっと安泰《あんたい》の道につながっていきます。

憲法改正とともに、旧宮家の復活を含めた皇室典範の改正を、安倍首相の時にやってもらいたいし、そのために私も尽力してまいりたいと思っています。

◇日本人の誇りを取り戻すために

私の人生のテーマは、日本人が誇りと自信を取り戻すことにすべてを懸けるということです。

そして最大の成長戦略は子供を増やすこと、子供が増える日本にしていくことが大きな目標の一つです。そして国に誇りを持てる教育を施し、立派な日本人を育てていく。そこに国民皆がエネルギーをかけていく必要があると思っています。

私たち日本人に求められているのは国への愛情、健全な愛国心だと思います。素晴らしい国に生まれたと心の底から思い、その国を護り、祖先の名誉を守り、子供たちが誇りをもって生きられる国づくりをすることが、政治家として最も大事な務めだと信じています。そのために私は全力で取り組んでいきます。

山田 宏（やまだ・ひろし）
自由民主党 東京都参議院比例区第二十二支部 支部長
前・杉並区長、前・衆議院議員
昭和33年、東京都生まれ。昭和56年、京都大学法学部を卒業後、松下政経塾に第2期生として入塾。昭和60年、東京都議会議員に史上最年少で当選し、2期8年務める。平成5年、衆議院議員選挙に当選。平成11年、杉並区長に当選し、区長就任時の11年間に財政再建、環境対策、教育改革、住民サービス向上など一連の「杉並改革」を推進し話題に。その後、衆議院議員（2期目）を経て平成27年9月より現職。
http://www.yamadahiroshi.com/

道を拓く男。山田 宏
―子供がふえる国、誇りある日本へ―

初版発行――平成28年6月10日

著　者――山田 宏

発行者――白水春人
発行所――株式会社光明思想社
〒103-0004
東京都中央区東日本橋2-27-9　初音森ビル10F
TEL 03-5829-6581　Fax 03-5829-6582
郵便振替 00120-6-503028
装　幀――久保和正
本文組版――メディア・コパン
印刷・製本――株式会社ダイトー

ISBN978-4-904414-45-3